全国行政执法指导丛书

全国行政执法典型案例

QUANGUO XINGZHENG ZHIFA DIANXING ANLI

·第一辑·

司法部行政执法协调监督局 编

中国法制出版社
CHINA LEGAL PUBLISHING HOUSE

编写说明

建立行政执法案例指导制度，对统一执法标准、规范裁量规则、加强执法监督，充分发挥典型案例示范、警示、指导作用，切实提高行政执法机关及其执法人员的执法能力和执法水平，推进严格规范公正文明执法具有重要意义。《国务院办公厅关于全面推行行政执法公示制度执法全过程记录制度重大执法决定法制审核制度的指导意见》（国办发〔2018〕118号）规定要“加强和完善行政执法案例指导”，《法治政府建设实施纲要（2021—2025年）》明确要求建立行政执法案例指导制度。2020年9月16日司法部办公厅印发《关于征集行政执法案例的通知》（司办通〔2020〕75号），要求各地区、国务院有关部门，报送本地区、本部门近三年来在行政处罚、行政许可、行政强制、行政确认、行政征收、行政给付等执法领域发生的，具有普遍指导意义的行政执法案例和执法监督案例。各地、各部门共报送行政执法和执法监督案件235件，其中，行政执法案件227件，执法监督案件8件。经初审、专家评审、复审后，选取50件案件作为典型案例编辑出版。

案例分为行政处罚、行政许可、行政强制、行政执法监督等四类，主要涵盖14个领域。这些案例，有的属于社会普遍关注、群众反映强烈，有的属于案情疑难复杂、争议较大、容易发生执法偏差，有的属于执法依据的有关法律法规较为原则、不明确，有的涉及较大幅度行政执法裁量权运用，有的属于新业态、新领域，均具有较强的示范价值，具有一定的指导意义。希望各地区、各部门结合工作实际，组织执法人员和执法监督人员认真学习，充分发挥典型案例的示范指导作用，切实提高行政执法、执法监督质量和效能。

司法部行政执法协调监督局

2021年12月

目 录

Contents

第一章 行政处罚案例

一、实体认定案例

（一）事实认定疑难处理

第二章　行政许可案例

第三章　行政强制案例

第四章　行政执法监督案例

本书案例选送单位

第一章

行政处罚案例

一、实体认定案例

（一）事实认定疑难处理

1

某公司以不合理条件对供应商实行差别歧视待遇案

基本案情

公平竞争是我国政府采购遵循的基本原则。政府采购无论是在法律层面还是在操作层面均始终坚持对各类市场主体平等对待，不得将与企业的经营年限、经营规模、财务指标、股权结构等挂钩的条件或证书作为资格要求或评审因素，不得指向特定产品或特定供应商，不得变相对供应商实行差别待遇或歧视待遇。

在政府采购活动中，采购人C大学委托代理机构某公司就“C大学游泳馆泳池设备采购项目”（以下简称本项目）进行公开招标。2019年4月10日，代理机构某公司发布招标公告。4月15日，供应商N公司提出疑问。4月19日，代理机构某公司答复疑问。

5月17日，供应商N公司向财政部提起投诉，投诉事项为：1. 本项目采用综合评分法，价格分采用合理低价法，未采用低价优先法计算，违反了《政府采购货物和服务招标投标管理办法》第五十五条的规定。2. 招标文件要求供应商按照“货物采购清单”中的品牌等进行报价，指定特定品牌，属于“以不合理的条件对供应商实行差别待遇或者歧视待遇”的情形。3. 招标文件将“投标人具有‘信用中国’守信红名单”作为评审因素，属于“以不合理的条件对供应商实行差别待遇或者歧视待遇”的情形。

财政部依法受理本案，并向相关当事人调取证据材料。

采购人C大学、代理机构某公司称：1. 本项目参照《J省房屋建筑和市政基础设施工程货物招标评标办法（试行）》执行，价格分未采用低价优先法计算。2. 采购人C大学已主动暂停采购活动，同时组织专家论证，拟将招标文件修改为“同档次及以上品牌”。3. 供应商具有“信用中国”守信红名单是诚信履约的重要指标，拟降低相应分值。

经查，招标文件“第二章　招标书”中“三、评标办法”显示，“（一）本项目按照综合评分法评标”，评审项目“投标报价”的评审细则为“价格分采用合理低价法，以有效投标文件的评标价算术平均值为A（当有效投标文件≥7家时，去掉最高和最低后进行平均）；招标控制价为B，则：评标基准价 = A × K1 × Q1 + B × K2 × Q2”。“Q2 = 1 − Q1，Q1取值范围为65% ~85%；K1的取值范围为95% ~98%；Q1、K1值在开标时由招标人随机抽取确定。K2的取值范围为：95%。”“投标价等于评标基准价的得满分，每高于基准价1%扣0.9分，每低于基准价1%扣0.6分。偏离不足1%的，按照插入法计算得分。”评审项目“企业综合能力”的评审细则为“1. 投标人具有‘信用中国’守信红名单，有一个得2分，最多得4分；（提供网站彩色截图）”。“第四章　招标技术规格及要求”中注释显示，“3. 投标人须按附件中招标货物清单的技术要求、数量及品牌进行报价”。“第五章　货物采购清单”中关于各具体设备的“品牌”栏均列明三种不同品牌。

国家公共信用信息中心回函表示，“信用中国”网站公示的是有关部门认定的守信联合激励对象名单，简称“红名单”。相关信息包括海关高级认证企业名单、纳税信用A级纳税人名单、2018年公路水运工程建设领域守信典型企业名单，分别由海关总署、税务总局、交通运输部提供。

处理结果

根据《政府采购质疑和投诉办法》第三十一条第（一）项的规定，投诉事项 1、2、3 成立，责令重新开展采购活动。

案件解析

（一）案情分析

关于投诉事项 1，本项目采购游泳馆泳池设备及相关服务，应按照《中华人民共和国政府采购法》（以下简称《政府采购法》）及《政府采购货物和服务招标投标管理办法》等相关规定执行。招标文件评审细则中价格分未采用低价优先法计算，违反了《政府采购货物和服务招标投标管理办法》第五十五条第六款的规定。

关于投诉事项 2，本项目招标文件“货物采购清单”中列明了 75 种设备，每种设备均指定 3 种品牌，并要求投标人按照所列品牌进行报价。上述行为属于《中华人民共和国政府采购法实施条例》（以下简称《政府采购法实施条例》）第二十条第（六）项规定的“限定或者指定特定的专利、商标、品牌或者供应商”的情形，违反了《政府采购法》第二十二条第二款的规定。

关于投诉事项 3，将“信用中国”守信红名单作为评审因素没有相关法律法规依据，且名单中包含纳税信用 A 级纳税人等相关信息，与供应商经营年限及经营范围等挂钩，与《中华人民共和国中小企业促进法》（以下简称《中小企业促进法》）第四十条第三款、《政府采购法》第二十二条第二款的规定不符。

（二）法律适用

《政府采购法》第二十二条规定：“供应商参加政府采购活动应当具备下列条件：（一）具有独立承担民事责任的能力；（二）具有良好的商业信誉和健全的财务会计制度；（三）具有履行合同所必需的设备和专业技术能力；（四）有依法缴纳税收和社会保障资金的良好记录；（五）参加政府采购活动

前三年内，在经营活动中没有重大违法记录；（六）法律、行政法规规定的其他条件。采购人可以根据采购项目的特殊要求，规定供应商的特定条件，但不得以不合理的条件对供应商实行差别待遇或者歧视待遇。”

《政府采购法》第七十一条规定：“采购人、采购代理机构有下列情形之一的，责令限期改正，给予警告，可以并处罚款，对直接负责的主管人员和其他直接责任人员，由其行政主管部门或者有关机关给予处分，并予通报：（一）应当采用公开招标方式而擅自采用其他方式采购的；（二）擅自提高采购标准的；（三）以不合理的条件对供应商实行差别待遇或者歧视待遇的；（四）在招标采购过程中与投标人进行协商谈判的；（五）中标、成交通知书发出后不与中标、成交供应商签订采购合同的；（六）拒绝有关部门依法实施监督检查的。”

《中小企业促进法》第四十条规定：“国务院有关部门应当制定中小企业政府采购的相关优惠政策，通过制定采购需求标准、预留采购份额、价格评审优惠、优先采购等措施，提高中小企业在政府采购中的份额。向中小企业预留的采购份额应当占本部门年度政府采购项目预算总额的百分之三十以上；其中，预留给小型微型企业的比例不低于百分之六十。中小企业无法提供的商品和服务除外。政府采购不得在企业股权结构、经营年限、经营规模和财务指标等方面对中小企业实行差别待遇或者歧视待遇。政府采购部门应当在政府采购监督管理部门指定的媒体上及时向社会公开发布采购信息，为中小企业获得政府采购合同提供指导和服务。”

《政府采购法实施条例》第二十条规定：“采购人或者采购代理机构有下列情形之一的，属于以不合理的条件对供应商实行差别待遇或者歧视待遇：（一）就同一采购项目向供应商提供有差别的项目信息；（二）设定的资格、技术、商务条件与采购项目的具体特点和实际需要不相适应或者与合同履行无关；（三）采购需求中的技术、服务等要求指向特定供应商、特定产品；（四）以特定行政区域或者特定行业的业绩、奖项作为加分条件或者中标、成交条件；（五）对供应商采取不同的资格审查或者评审标准；（六）限定或者指定特定的专利、商标、品牌或者供应商；（七）非法限定供应商的所有制形式、组织形式或者所在地；（八）以其他不合理条件限制或者排斥潜在供应商。”

《政府采购货物和服务招标投标管理办法》第五十五条规定：“综合评分法，是指投标文件满足招标文件全部实质性要求，且按照评审因素的量化指标评审得分最高的投标人为中标候选人的评标方法。评审因素的设定应当与投标人所提供货物服务的质量相关，包括投标报价、技术或者服务水平、履约能力、售后服务等。资格条件不得作为评审因素。评审因素应当在招标文件中规定。评审因素应当细化和量化，且与相应的商务条件和采购需求对应。商务条件和采购需求指标有区间规定的，评审因素应当量化到相应区间，并设置各区间对应的不同分值。评标时，评标委员会各成员应当独立对每个投标人的投标文件进行评价，并汇总每个投标人的得分。货物项目的价格分值占总分值的比重不得低于30%；服务项目的价格分值占总分值的比重不得低于10%。执行国家统一定价标准和采用固定价格采购的项目，其价格不列为评审因素。价格分应当采用低价优先法计算，即满足招标文件要求且投标价格最低的投标报价为评标基准价，其价格分为满分。其他投标人的价格分统一按照下列公式计算：

投标报价得分 =（评标基准价/投标报价）×100

评标总得分 = F1 × A1 + F2 × A2 + …… + Fn × An

F1、F2……Fn 分别为各项评审因素的得分；

A1、A2、……An 分别为各项评审因素所占的权重（A1 + A2 + …… + An = 1）。

评标过程中，不得去掉报价中的最高报价和最低报价。

因落实政府采购政策进行价格调整的，以调整后的价格计算评标基准价和投标报价。”

《政府采购质疑和投诉办法》第三十一条规定：“投诉人对采购文件提起的投诉事项，财政部门经查证属实的，应当认定投诉事项成立。经认定成立的投诉事项不影响采购结果的，继续开展采购活动；影响或者可能影响采购结果的，财政部门按照下列情况处理：（一）未确定中标或者成交供应商的，责令重新开展采购活动。（二）已确定中标或者成交供应商但尚未签订政府采购合同的，认定中标或者成交结果无效，责令重新开展采购活动。（三）政府采购合同已经签订但尚未履行的，撤销合同，责令重新开展采购活动。（四）政府采购合同已经履行，给他人造成损失的，相关当事人可依法提起诉讼，由责任人承担赔偿责任。”

《政府采购促进中小企业发展暂行办法》第三条。[①]

（三）示范点

相关部门、行业对市场主体的信用评价与经营年限、经营规模、经营范围等因素存在直接关联，采购人、代理机构将相关信用记录、信用名单作为政府采购的资格条件或评审因素，与政府采购优化营商环境、促进中小企业发展的要求不符。采购人、代理机构可以通过减免投标保证金等方式，为符合条件的守信市场主体提供激励。但除《政府采购法》第二十二条规定的条件外，采购人、代理机构不得将具有特定等级的信用记录、信用名单作为资格条件或评审因素，影响政府采购的公平竞争。同时，采购人、代理机构也不得通过限定或者指定特定的品牌、专利等方式，对供应商实行差别待遇或者歧视待遇。

实践中，采购人和代理机构可能以各种花式条款附于采购需求之上，有的甚至是相关主管部门颁发的证书或建立的名单，执法机关应当查询供应商获取相关资格证书的条件，是否与经营年限、经营规模、财务指标、股权结构等内容挂钩，从而判断是否属于对供应商实行差别待遇或者歧视待遇的情形。

（选送单位：财政部国库司）

① 现已失效。

2

某机动车检测场出具虚假排放检验报告案

基本案情

2018 年 3 月 29 日，原某市环境保护局（现为某市生态环境局）执法人员通过市机动车排放定期检测监管系统（以下简称 I/M 系统）对检测数据进行倒查时发现，某机动车检测场在检测京 N3××63 车辆时用京 GW××78 车辆代替检测，并为京 N3××63 车辆出具了合格的排放检验报告。根据 I/M 系统显示，2018 年 3 月 24 日，车牌号为京 N3××63 的车辆在某市 B 机动车检测场检测未合格，2018 年 3 月 27 日，又在某机动车检测场进行了三次检测，前两次检测均因测量值不合格而中止，第三次检测测量值虽为合格，但监控视频显示第三次被检测的车辆实际是京 GW××78 车辆，并非京N3××63车辆。同时，某机动车检测场的检测员三次检测手动录入的均为京 N3××63 车牌号，I/M 系统当天并无京 GW××78 车牌号的录入记录。

处理结果

某机动车检测场的行为违反了《中华人民共和国大气污染防治法》（以下简称《大气污染防治法》）第五十四条第一款的规定。依据该法第一百一十二条第一款的规定，原某市环境保护局于 2018 年 7 月 4 日作出《行政处罚决定书》，决定没收某机动车检测场违法所得 90 元，并处 20 万元罚款。某机动车检测场不服，向某区人民法院提起行政诉讼。2019 年 6 月 28 日，某区人民法院作出一审判决，驳回该单位的诉讼请求。后某机动车检测场向该市中级人民法院提起上诉，2019 年 12 月 25 日，该市中级人民法院作出二审裁定，驳回上诉，维持一审判决。

案件解析

（一）案情分析

本案主要争议焦点：第一，原某市环境保护局通过电子证据认定某机动车检测场存在出具虚假排放检验报告的违法行为是否正确；第二，执法人员在进行询问、调查时没有佩戴或使用执法记录仪是否构成程序违法。

关于第一个争议焦点。某机动车检测场认为 I/M 系统监控端数据存在伪造、修改及出错的情况，不能作为认定违法事实的证据。《大气污染防治法》第五十四条规定："机动车排放检验机构应当依法通过计量认证，使用经依法检定合格的机动车排放检验设备，按照国务院生态环境主管部门制定的规范，对机动车进行排放检验，并与生态环境主管部门联网，实现检验数据实时共享。机动车排放检验机构及其负责人对检验数据的真实性和准确性负责。生态环境主管部门和认证认可监督管理部门应当对机动车排放检验机构的排放检验情况进行监督检查。"《环境行政处罚办法》第三十六条规定："环境保护主管部门可以利用在线监控或者其他技术监控手段收集违法行为证据。经环境保护主管部门认定的有效性数据，可以作为认定违法事实的证据。"针对环境违法行为的特殊性，生态环境主管部门利用联网在线监控、数据共享等技术监控手段可以更方便、准确、有效地实施监管。除非有足够的证据证明监控数据在形成过程中存在系统漏洞或者人为修改，生态环境主管部门通过联网在线监控手段获取的监控数据作为认定违法事实的证据是具备法律依据的。本案中，I/M 系统是经过国家专业机构认证的系统，系统中的监控端数据源自机动车检测机构共享的检验数据，与某机动车检测场原始检测数据一致，并未经过任何人为修改，符合生态环境执法的有关证据要求。某机动车检测场提交的证据并不足以否定上述监控数据作为证据的真实性和有效性。

关于第二个争议焦点。某机动车检测场认为原某市环境保护局执法人员在执法调查时没有佩戴执法记录仪，不能证明其执法过程是否合法，也不能证明其提供的视频照片证据是否经过伪造和篡改。《中华人民共和国行政处罚法》

（以下简称《行政处罚法》）第三十七条第一款规定："行政机关在调查或者进行检查时，执法人员不得少于两人，并应当向当事人或者有关人员出示证件。当事人或者有关人员应当如实回答询问，并协助调查或者检查，不得阻挠。询问或者检查应当制作笔录。"① 行政机关在执法过程中，可以根据不同执法行为的性质种类、现场情况、执法环节，通过文字、音像等方式记录行政执法全过程，其目的是实现全过程留痕和可回溯管理。现行法律、法规、规章均未规定生态环境主管机关的执法人员在执法过程中必须采用执法记录仪等设备记录执法过程。本案中，原某市环境保护局提交的证据能够证明执法的过程和执法情况，能够证明在执法调查时执法人员已出示证件和制作笔录，而在进行执法调查时是否佩戴或使用执法记录仪并不属于法定程序要求，故不构成程序违法。

（二）法律适用

本案在违法事实认定和法律适用中，当事人对违法事实认定为"出具虚假排放检验报告"还是"未按照规定进行检测"存在异议。如认定为"出具虚假排放检验报告"，则行政处罚适用《大气污染防治法》第一百一十二条的规定。如认定为"未按照规定进行检测"，则行政处罚适用《某市大气污染防治条例》第一百一十三条的规定。某机动车检测场认为"出具虚假排放检验报告"需要考量主观意图，即需要具有主观故意，而其违法行为的发生并没有主观故意，系检录工作人员工作疏忽录入车牌号错误所致，属于"未按照规定进行检测"的行为。

本案中，从违法行为的构成要件来看，"未按照规定进行检测"与"出具虚假排放检验报告"均可能存在主观故意，因而，不能单纯以"主观故意"作为两种违法行为的判断标准。从两种违法行为的显著特征来看，"未按照规定进

① 已修订为2021年《行政处罚法》第四十二条、第五十五条规定。第四十二条："行政处罚应当由具有行政执法资格的执法人员实施。执法人员不得少于两人，法律另有规定的除外。执法人员应当文明执法，尊重和保护当事人合法权益。"第五十五条："执法人员在调查或者进行检查时，应当主动向当事人或者有关人员出示执法证件。当事人或者有关人员有权要求执法人员出示执法证件。执法人员不出示执法证件的，当事人或者有关人员有权拒绝接受调查或者检查。当事人或者有关人员应当如实回答询问，并协助调查或者检查，不得拒绝或者阻挠。询问或者检查应当制作笔录。"

行检测”主要是指执行国家、地方检测标准和检测程序不规范，影响的是检测过程和结果的准确性，但并不排斥检测过程和结果的真实性；而“出具虚假排放检验报告”则是采取弄虚作假的手段，为检测“不合格”的机动车出具结果为“合格”的排放检验报告，虽然检测过程和结果可能具有准确性，但已丧失了真实性。本案中，某机动车检测场在明知京 N3××63 车辆已经多次检测且均结果不合格的情况下，将京 GW××78 车辆的实际检测结果用于京N3××63车辆并为京 N3××63 车辆出具排放检验合格报告的事实，已完全符合“出具虚假排放检验报告”的特征，I/M 系统中的电子证据、现场监控视频证据和对检验员与检测场场长的调查询问笔录等证据也足以证明该违法行为符合“出具虚假排放检验报告”的构成要件。故该案违法事实认定为“出具虚假排放检验报告”，适用《大气污染防治法》第一百一十二条作出行政处罚准确无误。

（三）示范点

这是一起涉及机动车检验机构违反机动车排放检验管理规定的行政处罚案，本案执法示范点有二。

一是非现场监管技术手段（如本案中的 I/M 系统）的应用，为行政机关实施事中监管预警、事后案件调查提供了支撑和便利。特别是面对很多稍纵即逝的违法行为，如果没有相应的技术手段支撑并对有关过程加以记录和固化，完全依靠行政执法人员的事后询问和调查将很难还原违法现场，也很难调取关键证据。面对每日开展大量检测业务的机动车排放检验机构，使用技术监管手段不仅提高了行政机关的监管效率，解决了记录和固化证据的难题，而且对监管对象规范自身经营行为也起到了强大的规范和约束作用。

二是违法事实认定和法律适用，不仅需要执法人员有能力通过细致调查取得有效的客观证据，还需要执法人员准确把握各类违法行为的特征和构成要件。执法人员只有不断提高自身素质，具备准确把握不同违法行为特征和要件的能力，再结合其他物证、书证及行政相对人陈述等形成证据链，才能真正做到每一个案件办理都事实清楚、证据确凿、法律适用无误。

（选送单位：北京市司法局）

3

某矿业投资公司越界开采矿产资源行政处罚案

基本案情

2014 年 4 月 10 日，某矿业投资公司通过探转采的方式取得某锌银铅锑锡铜矿的《采矿许可证》，开采矿种为“锌、银、铅、锡、锑、铜”，开采方式为“地下开采”，生产规模为“12.00 万吨/年”，矿区面积为“4.511 平方公里”，有效期限为“2014 年 4 月 10 日至 2024 年 4 月 10 日”。2016 年 6 月 18 日，某矿业投资公司申请变更矿山企业名称，由“北京某矿业投资公司”变更为“某矿业投资公司”，并于同年 8 月 26 日取得《采矿许可证》。2015 年 7 月 9 日，某矿业投资公司因越界进入铜坑矿采矿，被原某县国土资源局作出《国土资源行政处罚决定书》，责令退回其矿界内，在越界处进行永久性 3 米混凝土封堵，并拆除在越界区域内的所有机械设备，没收违法所得并处以罚款。2018 年 10 月 12 日，某矿业投资公司再次因越界采矿，被原某县国土资源局作出《国土资源行政处罚决定书》，责令其退回本矿区范围内开采，并拆除越界区域内的所有机械设备，在越界处进行 10 米混凝土永久性封堵，没收违法所得人民币 77412 元并处罚款人民币 23223.6 元。

2019 年 10 月 28 日，某县发生重大矿难事故。为查明事实，某省自然资源厅成立了案件调查组，于 11 月 5 日赴该公司某锌银铅锑锡铜矿进行线索初步核查。经现场勘测、拍照取证及对有关人员进行询问形成询问笔录，并向某县公安局调阅了《某锌银铅锑锡铜矿日提升记录本》等证据材料，认定某矿业投资公司涉嫌存在越界采矿行为，并形成《关于某矿业投资公司“10 · 28”重大事故涉嫌越界采矿案线索核查情况的初步报告》。同年 12 月 15 日，某省自然资源厅向某矿业投资公司制作并送达《责令改正违法行为通知书》《接受调查通知书》《责令停止违法行为通知书》，通知该公司接受调查，立即停止违法行为，并停止违法采矿行为，于次日决定立案查处。同年12月25日，执法人员进行现场勘测并形成《现场勘测笔录》。2019年12月12日，某市地质勘察设计院受某省自然资源厅委托对越界采矿造成矿产资源破坏价值进行认定，于2020年3月6日编制形成《某矿产资源破坏价值鉴定报告》。2020年3月12日，某省自然资源厅出具了认定结论书。

因涉嫌越界采矿数量巨大，涉案位置在井下已坍塌，无法进入越界采矿现场勘测，且案情重大复杂，需资质机构对越界采矿出矿登记台账及采出原矿石量作进一步认定。某省自然资源厅于2020年2月11日、3月12日先后决定延期30日作出决定，同年3月20日形成《关于某矿业投资公司涉嫌越界采矿案的调查报告》，并组织人员对报告进行审理。2020年4月3日，某省自然资源厅决定对某矿业投资公司作出行政处罚，并将案件移送公安机关、纪检监察机关追究有关人员的刑事、政纪责任。当日制作《行政处罚告知书》及《行政处罚听证告知书》，并于4月7日直接送达某矿业投资公司的法定代表人，该公司法定代表人于当日出具了其已认真阅读《行政处罚听证告知书》相关内容并自愿放弃听证的说明。2020年4月16日，某省自然资源厅作出行政处罚决定书，并于4月20日直接送达该公司的法定代表人。

处理结果

根据调查结果，某省自然资源厅对某矿业投资公司越界开采矿产资源的行为作出如下处罚决定：

1. 没收越界开采某锌银铅锑锡铜矿违法所得人民币2488.53万元；
2. 并处罚款人民币746.56万元；
3. 没收越界采出的锌铅锑锡矿原矿石1827.6吨；
4. 吊销该公司锌银铅锑锡铜矿采矿许可证。

案件解析

（一）案情分析

经调查核实，某矿业投资公司超过批准的矿区范围开采了锌银铅锑锡铜矿47073.6吨原矿石，已销售45246吨，剩余1827.6吨尚未销售。某矿业投资公司前述越界开采矿产资源的行为违反了《中华人民共和国矿产资源法》（以下简称《矿产资源法》）第三条第三款、第四款“勘查、开采矿产资源，必须依法分别申请、经批准取得探矿权、采矿权，并办理登记；但是，已经依法申请取得采矿权的矿山企业在划定的矿区范围内为本企业的生产而进行的勘查除外。国家保护探矿权和采矿权不受侵犯，保障矿区和勘查作业区的生产秩序、工作秩序不受影响和破坏”、《中华人民共和国矿产资源法实施细则》（以下简称《矿产资源法实施细则》）第五条“国家对矿产资源的勘查、开采实行许可证制度。勘查矿产资源，必须依法申请登记，领取勘查许可证，取得探矿权；开采矿产资源，必须依法申请登记，领取采矿许可证，取得采矿权。矿产资源勘查工作区范围和开采矿区范围，以经纬度划分的区块为基本单位。具体办法由国务院地质矿产主管部门制定”及《矿产资源开采登记管理办法》第三十二条“本办法所称矿区范围，是指经登记管理机关依法划定的可供开采矿产资源的范围、井巷工程设施分布范围或者露天剥离范围的立体空间区域。本办法所称开采方式，是指地下开采或者露天开采”的规定。此外，某矿业投资公司先后三次越界采矿，属于屡罚屡犯，存在拒不退回本矿区范围内开采的行为，符合《矿产资源法》第四十条规定的吊销采矿许可证的情形，遂作出没收违法所得并处罚款，没收越界采出的原矿石并吊销采矿许可证的行政处罚。

（二）法律适用

针对某矿业投资公司越界开采矿产资源的违法事实，某省自然资源厅根据《矿产资源法》第四十条“超越批准的矿区范围采矿的，责令退回本矿区范围内开采、赔偿损失，没收越界开采的矿产品和违法所得，可以并处罚款；

拒不退回本矿区范围内开采，造成矿产资源破坏的，吊销采矿许可证，依照刑法有关规定对直接责任人员追究刑事责任”、《矿产资源法实施细则》第四十二条第（二）项“超越批准的矿区范围采矿的，处以违法所得30%以下的罚款”和《矿产资源开采登记管理办法》第十七条“任何单位和个人未领取采矿许可证擅自采矿的，擅自进入国家规划矿区和对国民经济具有重要价值的矿区范围采矿的，擅自开采国家规定实行保护性开采的特定矿种的，超越批准的矿区范围采矿的，由登记管理机关依照有关法律、行政法规的规定予以处罚”的规定，作出上述处罚决定。

（三）示范点

1. 关于越界采出原矿石量、未销售矿石锌银铅锑锡铜、原矿石品位、原矿市场销售价格、越界采矿违法所得及矿产资源破坏价值的认定

在越界采出原矿石量、未销售矿石量的认定上，事故现场虽已坍塌，无法进行现场勘测，但经委托的某市地质勘察设计院组织技术人员结合现场和矿区原有图纸进行对比，出具了《某锌银铅锑锡铜矿巷道分布图》，某矿业投资公司的法定代表人、副总经理、技术负责人、井下采矿安全员、劳务承包人等25人在《某锌银铅锑锡铜矿巷道分布图》上标注确认并在询问笔录承认。同时根据某县公安局提供的《某锌银铅锑锡铜矿日提升记录本》等台账材料，统计出某矿业投资公司擅自进入铜坑矿采矿，越界开采出原矿石39228斗，其中现场堆放尚未销售的矿石量为1523斗。前述《某锌银铅锑锡铜矿巷道分布图》《某锌银铅锑锡铜矿日提升记录本》等作为认定某矿业投资公司存在越界开采矿产资源违法行为和开采数量的依据。

在原矿石品位认定上，委托原国土资源部南宁矿产资源监督检测中心对越界采出原矿石的15份样品进行分析，出具检测报告。以前述矿样品位的平均值作为越界开采原矿石平均品位认定，并作为原矿石价格的认定依据。

在原矿石价格认定上，根据以上检测结果，某省自然资源厅委托某县发展和改革局对某矿业投资公司越界采出的原矿石市场销售价格进行认定，作为认定没收违法所得的计算依据。

在矿产资源破坏价值的认定上，根据《非法采矿、破坏性采矿造成矿产资源破坏价值鉴定程序的规定》的有关规定，组织专家对某市地质勘察设计院编制的《某矿产资源破坏价值鉴定报告》进行认定，并出具认定结论书，以认定结论作为认定矿产资源破坏价值的依据。

2. 关于是否属于吊销采矿许可证情形的认定

本案中，某矿业投资公司先后于 2015 年 7 月及 2018 年 10 月，两次因越界采矿，被原某县国土资源局进行行政处罚，责令退回本矿区范围内开采，拆除越界区域内的所有机械设备，没收违法所得并处罚款。2018 年 11 月～2019 年 10 月，某矿业投资公司再次因越界开采矿产资源导致重大矿难事故的发生，属于多次越界采矿，屡罚屡犯，存在拒不退回本矿区范围内开采的行为，符合《矿产资源法》第四十条规定的超越批准的矿区范围采矿，拒不退回本矿区范围内开采，造成矿产资源破坏的，需要吊销采矿许可证的情形。

（选送单位：自然资源部法规司）

4

某市特大虚开增值税专用发票案

运用信息化战法，某市税务局稽查局联合该市公安局，于 2019 年 9 月 24 日一举破获了涉案金额达 8.7 亿元的特大虚开增值税专用发票案。

基本案情

2019 年 3 月，某省税务局稽查局运用信息化手段，对征管信息、发票流信息、MAC 及 IP 地址信息进行比对，发现某市 18 家公司存在虚开发票涉税风险，这些公司注册地址相近、名称相似，发票流向高度一致，初步判定这些公司属于同一组织，涉嫌虚开增值税专用发票，由市税务局稽查局开展税务稽查。

1. 数据信息比对，虚假注册显端倪

以某省税务局稽查局提供的18家风险公司为主线，稽查人员对基础资料进行归集、整理，经过初步研判分析，通过公安系统对常住人口基本信息查询发现，这些公司注册登记的法定代表人、财务人员及办税人员多为无业人员、刑满释放人员或有吸毒前科人员，“收集利用他人身份信息申请注册虚假公司”的作案特征露出端倪。

2. MAC码及IP地址助力，锁定虚开疑点

通过比对18家涉案公司MAC码及IP开票地址，发现有相同的网络开票特征，主要集中在两个MAC码对外开具发票，但IP地址多达几十个。经过信息排查，发现该团伙可能利用技术手段，盗用了合法IP地址，伪装成合法用户进行开票。

3. 税警联合，实施精准打击

为了快速查办虚开犯罪，在案头分析的基础上，某市税务局稽查局成立专案组，联合市公安局对涉案公司进行稽查，于2019年9月24日集中收网，打掉虚开发票窝点2处，抓获犯罪嫌疑人4人，查获虚假注册的营业执照33套、税控盘21个、各类印章200多枚、发票存根联500余份等。查明该团伙短期内注册大量空壳公司，通过伪造合同、洗票、变票等方式虚开增值税专用发票，涉及上下游企业230户，遍及全国11个省份17个地市，涉案金额价税合计为8.7亿元。

处理结果

某市税务局稽查局及时对现场查获的涉案公司依据《税务稽查规程》进行税务处理，经市局重大税务案件审理委员会审理认定：该案件涉案公司，在不具有真实业务交易的情况下，接受上游公司开具增值税专用发票，以及通过收取开票费的方式，向下游公司开具增值税专用发票。

根据《中华人民共和国发票管理办法》（以下简称《发票管理办法》）的有关规定，其行为属于虚开发票行为，予以没收违法所得，并处50万元罚款；涉嫌构成虚开增值税专用发票罪，移送司法机关，依法追究刑事责任。此案检察机关已提起公诉。

同时，制作《已证实虚开通知单》，发往上、下游企业所在地税务机关依法处理。

案件解析

（一）案情分析

1. 拼接“票流分析图”索骥案件线索

面对涉案公司错综复杂的开票网络和大量的上、下游发票信息，专案组从每一条发票信息开始，制作了“直观呈现、环环相扣、层层相连”的“票流分析图”，确认涉案公司财务负责人及办税人员交叉任职情况，对高度重合的涉案人员信息进行制表分类，经过公安机关的协助排查，追踪实名支付者信息，锁定谢某、郑某为多家涉案公司办理领票业务的嫌疑人。

2. 外调上游企业核实经营业务真实性

利用增值税发票电子底账系统、税控系统对涉案公司的进、销项发票进行归集整理，发现所有涉案公司的进项发票来源地高度一致，且上游公司重合度较高，开票时间点相近。专案组随即派员落实了100多家上游公司的情况，查明大部分上游公司已走逃（失联），当地税务机关证实部分公司涉嫌暴力虚开，取得了经营业务虚假的证据资料。

3. 制作五层资金流转整理表“解密”虚开

依据“票流分析图”，制作上、下游公司五层资金流转整理表，通过对涉案公司6万多条资金信息进行分析，厘清了虚开团伙资金流向特征：

一是闪进闪出，符合虚开走账。下游公司进行资金交易前，均存在试账户行为，先把10元至100元不等的金额打入开票公司账户，之后马上转出。试户成功后将与发票金额一致的款项打入开票公司，开票公司随即将资金转入其他自然人账户。

二是层层转账，显现资金回流。经过三层到五层的转账，大部分资金回流到下游企业。对资金流转中出现频率较高的刘某某、朱某某等进行重点分析，发现每笔交易8%～10%的金额流向这些人员，之后再经过多次周转，部分资金提现，其余全部流向田某某、李某某。

至此，虚开团伙设计的复杂资金结算方式被成功“解密”，受票方按票面金额将全部资金转到虚开公司，形成正常购销的假象，虚开公司将资金打散，通过中间人账户，分多次、小金额“缓缓”回流到受票公司相关人员的个人账户上，使所谓的“回流链条”完整坚固。

（二）法律适用

1. 依据《发票管理办法》第二十二条第二款第（一）项、第（二）项及第三十七条，《国家税务总局关于走逃（失联）企业开具增值税专用发票认定处理有关问题的公告》① 之规定，认定该案件涉案公司全部为走逃（失联）企业，在无实际经营业务、无真实货物交易的情况下，为他人、为自己开具与实际经营业务情况不符的发票，让他人为自己开具与实际经营业务情况不符的发票为虚开发票行为，没收违法所得，处以罚款。

2. 根据《发票管理办法》第三十七条、《行政执法机关移送涉嫌犯罪案件的规定》第三条及《最高人民检察院、公安部关于公安机关管辖的刑事案件立案追诉标准的规定（二）》第六十一条之规定，该案件涉案公司上述虚开发票行为涉嫌构成虚开增值税专用发票罪，移送司法机关，依法追究刑事责任。

（三）示范点

1. 虚开增值税专用发票行为出现新特征

团伙作案，环环相扣，且分散独立。虚开团伙作案，犯罪链条长且完整，并且多数内部分工极其明确，各司其职。收集他人身份信息申请注册虚假公

---

① 部分条款废止。

司、领购发票，收集联系用票企业、出售发票等一系列环节紧密配合，却又没有其他过多交集。一旦有一环被查处，其他人员各自逃跑，增加税务检查成本，也给相关部门收集证据造成困难。

利用更复杂的资金结算方式，资金回流隐蔽性增强。在资金回流过程中，大量使用个人账户，多次多层级转账，又极为分散，以现有税务稽查的手段和权限，几乎无法完成对所有资金的追踪和调查。

2. 运用信息化战法，以信息系统为支撑、数据处理应用为核心，实施精准打击

在本案查办过程中，体系作战、信息主导、精确打击等作战思想不断深入推进。利用信息系统的“联网”“共享”优势，专案组通过制作“票流分析图”、“资金流向图”等，摸清了虚开团伙紧扣的环节，最终为查破本案锁定了主要嫌疑人；利用信息化战法“联动”功能，专案组快速出击，精准抓捕嫌疑人，在较短的时间内将案件成功告破。

3. 依托本案查处经验，探索建立防范虚开发票全流程防控机制

建立虚开发票全流程防控机制，需要按照工作流程从税务登记、发票的申领和取得、纳税申报、财务报表四个方面，构建虚开行为识别体系，包括征管数据预警指标、发票异常增量指标、开具时间异常指标等，力求在最短时间内发现虚开行为，最大限度减少虚开造成的税款流失。税务稽查应建立“数据化作战平台”，应用涉税数据，对案件线索中的企业、人员、发票等进行数据检索、预警分析，为税务稽查打击虚开增值税专用发票提供强大的数据支撑。

（选送单位：山西省司法厅）

5

某科技有限公司非法经营危险化学品行政处罚案

基本案情

2019年10月11日15时30分许，某县应急管理局对一公司废弃厂房检查过程中发现，现场存放有标有易燃液体标签的某品牌环氧漆。经询问现场人员，上述现场存放的环氧漆为某钢结构工程有限公司（以下简称B公司）项目工地所使用，供货人为某科技公司（以下简称A公司）左某。次日，某县应急管理局对A公司以涉嫌非法经营危险化学品予以立案调查，并立即赴A公司对该公司实际控制人左某、某钢结构工程有限公司项目负责人郭某等案件相关人员进行调查询问，同时调取有关进货单、购销合同等案件相关证据材料。

处理结果

经调查认定：1. 根据《危险化学品目录（2015版）实施指南（试行）》及其附件，某县应急管理局确认涉案的环氧漆为《危险化学品目录（2015版）》中序号为2828条目列举的常见品种，属于易燃液体类危险化学品；2. A公司在未取得危险化学品经营许可证的情况下，向B公司项目工地销售防火涂料100组（20 L/组），共计2000 L，根据与进货单、购销合同核对，合同交易金额为人民币3万元。A公司在未取得危险化学品经营许可证的情况下，从事危险化学品经营活动。

该公司违反了《危险化学品安全管理条例》第三十三条第一款的规定，依据《危险化学品安全管理条例》第七十七条第三款的规定，2019年10月31日，某县应急管理局依法对A公司作出“责令停止危险化学品经营活动，没收违法经营的环氧漆以及违法所得人民币 3 万元，并处罚款人民币 10 万元”的行政处罚。

案件解析

（一）案情分析

本案在安全生产执法案例中具有典型意义。一是我国已成为世界上重要的化学品生产国，化学品的使用与人民群众的生产生活息息相关，部分常见的生产生活用品如油漆性、油性涂料等，均属于危险化学品成分，具有发生燃爆事故的潜在危险性，但往往被生产经营单位忽视，作为一般产品进行管理，没有采取相应安全措施，也没有依法办理相关行政许可。执法部门严格执法，在某公司废弃厂房中发现 B 公司标有易燃液体标签的环氧漆，一方面对环氧漆进行鉴定，确定其是否属于危险化学品；另一方面顺藤摸瓜，寻找源头 A 公司并积极进行调查询问取证工作。执法部门积极主动作为，发现了一起涉嫌非法经营危险化学品案件，对违法行为及时制止，有效防范了可能发生的事故。二是对于“没收违法所得”范围的认定问题，生产经营单位希望“没收违法所得”仅是扣除税款、成本后的盈利，对于监管执法部门以销售收入作为违法所得不理解，甚至引发行政复议和行政诉讼。首先，监管部门出台部门规章对《危险化学品安全管理条例》的罚则进行细化是符合《行政处罚法》的相关要求的。其次，“没收违法所得”本身是行政处罚，仅仅没收非法盈利起不到警示震慑作用。最后，执法部门及时取得进货单、购销合同等证据材料，为确定销售收入提供了直接证据。因此，执法部门严格按照行政法规和部门规章确定额度处罚，适用法律准确，裁量得当。

（二）法律适用

1.《危险化学品安全管理条例》第三十三条规定：“国家对危险化学品经营（包括仓储经营，下同）实行许可制度。未经许可，任何单位和个人不得经营危险化学品。依法设立的危险化学品生产企业在其厂区范围内销售本企业生产的危险化学品，不需要取得危险化学品经营许可。依照《中华人民共和国港口法》的规定取得港口经营许可证的港口经营人，在港区内从事危险化学品仓储经营，不需要取得危险化学品经营许可。”

《危险化学品安全管理条例》第七十七条规定：“未依法取得危险化学品安全生产许可证从事危险化学品生产，或者未依法取得工业产品生产许可证从事危险化学品及其包装物、容器生产的，分别依照《安全生产许可证条例》、《中华人民共和国工业产品生产许可证管理条例》的规定处罚。违反本条例规定，化工企业未取得危险化学品安全使用许可证，使用危险化学品从事生产的，由安全生产监督管理部门责令限期改正，处10万元以上20万元以下的罚款；逾期不改正的，责令停产整顿。违反本条例规定，未取得危险化学品经营许可证从事危险化学品经营的，由安全生产监督管理部门责令停止经营活动，没收违法经营的危险化学品以及违法所得，并处10万元以上20万元以下的罚款；构成犯罪的，依法追究刑事责任。”

2.《安全生产违法行为行政处罚办法》第五十八条规定：“本办法所称的违法所得，按照下列规定计算：（一）生产、加工产品的，以生产、加工产品的销售收入作为违法所得；（二）销售商品的，以销售收入作为违法所得；（三）提供安全生产中介、租赁等服务的，以服务收入或者报酬作为违法所得；（四）销售收入无法计算的，按当地同类同等规模的生产经营单位的平均销售收入计算；（五）服务收入、报酬无法计算的，按照当地同行业同种服务的平均收入或者报酬计算。”

3.《安全生产行政处罚自由裁量适用规则（试行）》第十七条规定：“《标准》所称的违法所得，按照下列规定计算：（一）生产、加工产品的，以生产、加工的产品及其销售收入作为违法所得；（二）销售商品的，以销售收入作为违法所得；（三）提供安全生产中介、租赁等服务的，以服务收入或者报酬作为违法所得；（四）销售收入无法计算的，按照当地同类同等规模的生产经营单位的平均销售收入计算；（五）服务收入、报酬无法计算的，按照当地同行业同种服务的平均收入或者报酬计算。”

（三）示范点

该案例具有的典型代表意义，主要示范点有三：

一是执法部门应积极主动作为。执法部门在检查过程中发现某品牌环氧漆疑似危险化学品，按程序迅速立案，追根溯源找到 A、B 两家公司，及时约谈了两家公司的实际控制人和负责人，同时固化进货单、购销合同等案件相关证据，最终发现 A 公司涉嫌非法经营危险化学品的行为，有力打击了安全生产违法行为，将事故隐患消灭在萌芽之初。

二是关于危险化学品的认定问题。危险化学品涉及国民经济行业分类 20 个门类中 15 个门类、95 个大类中 68 个大类，共计 2800 多个种类产品。危险化学品种类繁多、性状多样，增加了监管执法的技术难度要求，在执法过程中容易忽视习以为常的产品如油漆等。在本案中执法人员认真履职，根据查获化学品所粘贴的化学品安全标签并依据《危险化学品目录（2015 版）实施指南（试行）》及其附件《危险化学品分类信息表》，确认涉案的该品牌环氧漆属于《危险化学品目录（2015 版）》中序号为 2828 条目列举的常见品种，为易燃液体类化学品，直接判定查获化学品属于易燃液体类危险化学品。

三是关于违法所得认定的问题。《安全生产违法行为行政处罚办法》第一条“为了制裁安全生产违法行为，规范安全生产行政处罚工作，依照行政处罚法、安全生产法及其他有关法律、行政法规的规定，制定本办法”和《安全生产行政处罚自由裁量适用规则（试行）》第十二条第三款“法律、行政法规规定应当先予没收物品、没收违法所得，再作其他处罚的，不得直接选择适用其他处罚”等条款，说明它们都适用于法律、行政法规所规定“没收违法所得”的情形。它们的制定也是依据《行政处罚法》的相关要求进行，因此规定“销售商品的，以销售收入作为违法所得”是合法合理的。“没收违法所得”是行政处罚，若仅没收扣除税款、成本后的非法盈利，无法对行政相对人起到惩戒警示作用，不能对违法行为产生震慑作用。

（选送单位：应急管理部政策法规司）

6

阮某操纵证券市场行政处罚案

基本案情

阮某操纵证券市场行政处罚案是证监会系统首例因虚假申报操纵行政处罚引发的行政诉讼案件。2015 年 9 月 21 日 9：31：24 至 10：01：41、13：30：01 至 13：43：00 两个时段内，阮某使用其个人账户分别累计申报买入 18 笔 A 股票和 14 笔 B 股票，且均在极短时间内全部或部分撤单。同时，阮某在当天具有反向卖出前期所买涉案股票的行为。阮某不以成交为目的，大量、频繁虚假申报 A、B 股票，误导其他投资者对上述股票交易价格和市场供求关系的判断，诱导其他投资者跟进买入，推高股价，进而进行后续反向卖出，操纵 A、B 股票价格，扰乱证券市场秩序。

处理结果

2017 年 11 月 6 日，某省证监局下发《行政处罚决定书》，认定阮某的上述行为违反了 2005 年修订的《中华人民共和国证券法》（以下简称 2005 年《证券法》）第七十七条第一款第（四）项的规定，构成 2005 年《证券法》第二百零三条所述操纵证券市场行为。根据 2005 年《证券法》第二百零三条的规定，对阮某处以 30 万元罚款。阮某不服，后历经行政复议、行政诉讼（一审与二审）程序，最终人民法院判决支持上述处罚决定。

案件解析

（一）案情分析

本案焦点集中于操纵证券市场的认定问题。综合 2005 年《证券法》及证监会相关规定，法院认为虚假申报操纵行为应当具有三个构成要件：1. 不以成交为目的；2. 频繁申报和撤销；3. 影响证券交易价格或者证券交易量。首先，判断是否以成交为目的。本案中，阮某在交易 A 股票时，涉案时段内 18 笔买入申报，在平均间隔 26 秒后均全部或部分撤销。阮某在交易 B 股票时，在涉案的 13 分钟内，14 笔买入申报，亦均在极短时间内全部或部分撤销。同时，阮某在当天均有反向卖出前期所买涉案股票的行为。结合阮某频繁申报买入和迅速撤销以及拉高股价后反向卖出的客观行为，推定阮某具有“不以成交为目的”的主观思想符合一般交易习惯和普通金融常识。其次，关于频繁申报和撤销。本案中，阮某在交易涉案的两只股票时，均在几十分钟内连续进行了 10 次以上的申报和撤销，符合关于频繁申报和撤销的构成要件。最后，关于影响证券交易价格或者证券交易量。2015 年 9 月 21 日 9：31：24 至 10：01：41时段内，阮某申报买入 A 股票 18 笔，其中有 16 笔在前五档，有 17 笔的单笔申报量占申报时市场前十档申报量的比例超过 20%。每笔申报前后该股委比数值出现正向大幅变化，该时段内股票价格上涨 4. 32%。2015 年 9 月 21 日 13 ：30：01 至 13：43：00 时段内，阮某累计申报买入 B 股票 14 笔，买入申报量占市场同期（当日）申报量的 26. 94%。14 笔买入申报中有 13 笔在前五档，申报前后该股委比数值出现较大正向变化，股票价格上涨 6. 63%。从阮某买入股票申报量占市场同期申报量的比值及涉案股票委比数值与股票价格的正向变化综合分析，可以认定阮某的行为对涉案股票涉案时段内的交易价格产生了重要影响。综上，阮某的行为符合虚假申报操纵行为构成要件。

（二）法律适用

阮某的上述行为违反了 2005 年《证券法》第七十七条第一款第（四）项的规定，构成 2005 年《证券法》第二百零三条所述操纵证券市场行为。根据

2005 年《证券法》第二百零三条的规定，对阮某处以 30 万元罚款。

阮某在诉讼中提出，某省证监局认定操纵证券市场行为依据的是 2005 年《证券法》第七十七条第一款第（四）项，即兜底条款，但没有法律明确规定“其他手段操纵证券市场”中的其他手段包括哪些，某省证监局的行政处罚没有法律依据。

某省证监局论证认为，根据 2005 年《证券法》第七十七条和第二百零三条的规定，操纵证券市场行为是法律明确禁止的违法行为。2005 年《证券法》不可能用列举的方式穷尽所有操纵市场的手法，因此在第七十七条列举了操纵市场的典型手段后，又以兜底条款赋予证券监管部门查处以其他手段操纵证券市场的权力。证监会系统近年来已对包括虚假申报在内的多种新型操纵市场行为进行了行政处罚，最高人民检察院、公安部 2008 年 3 月发布的《关于经济犯罪案件追诉标准的补充规定》①、2010 年 6 月发布的《关于公安机关管辖的刑事案件立案追诉标准的规定（二）》均明确将虚假申报操纵相关严重情形列入刑事追责范围。因此，虚假申报操纵属于操纵证券、期货市场的行为，某省证监局有权依法认定并进行处罚。

法院判决认为，兜底条款是法律文书中常见的法律表述，主要是为了弥补列举式立法模式的不足，防止法律的不周延性，使执法者可以依据法律的精神和原则，适应社会发展需要，将列举以外的新情形通过兜底条款适用解决，而无须修改法律。某省证监局援引兜底条款作为认定的法律依据，符合《证券法》关于操纵证券市场的立法本意。

（三）示范点

本案的执法示范点主要在于，作出《行政处罚事先告知书》后，针对当事人提出的陈述申辩意见，进行认真核实，并在决定对认定的事实及拟作出的罚款金额进行相应调整后，再次作出《行政处罚事先告知书》，告知当事人修改后拟作出的行政处罚决定所依据的违法事实、理由、依据及享有的权利，

① 现已失效。

充分保障行政相对人合法权益。具体情况如下。

2017 年 5 月 15 日，某省证监局以涉嫌操纵证券市场为由，向阮某作出《行政处罚事先告知书》。结合阮某的申辩意见及相关证据材料，某省证监局对阮某涉嫌操纵证券市场的违法事实进行了修改，减轻了拟对阮某的行政处罚，并于 2017 年 8 月 21 日重新作出了《行政处罚事先告知书》，告知了阮某所认定的违法事实及理由、适用的法律、拟作出的处罚决定以及其享有的陈述申辩及听证等权利。

阮某在诉讼中提出，某省证监局作出两份《行政处罚事先告知书》违反了法定程序。

法院经审理认为，行政机关在作出行政处罚决定前应当充分听取当事人的意见。本案中，某省证监局在作出第一份《行政处罚事先告知书》后，充分听取阮某的陈述申辩意见，对涉案行为操纵时段及最终处罚数额进行了调整，并将调整后拟处罚的内容和当事人享有的权利进行了第二次告知，最终作出了一个更有利于阮某的处罚决定。某省证监局在案件处理中作出了两次告知，充分保障了当事人的陈述、申辩权，没有因为当事人的申辩而加重处罚，程序上并无违法之处。

（选送单位：中国证券监督管理委员会法律部）

7

某公司不正当竞争案

基本案情

2018 年 5 月 7 日，某省市场监督管理局根据举报材料，对某公司（以下称当事人）通过其公司网站宣传公司信息等内容进行核查，发现当事人成立于2015年12月24日，主要从事生产销售电线电缆经营活动，而其公司网站对宣传获得的各种荣誉、认证及时间等相关证明不能提供，当事人涉嫌违反《中华人民共和国反不正当竞争法》（以下简称《反不正当竞争法》）有关规定，利用网络进行虚假宣传。某省市场监督管理局依法进行立案调查。

处理结果

某省市场监督管理局于2018年8月8日对当事人作出罚款30万元的处罚决定。历经听证、行政复议、行政诉讼（一审、二审），2019年10月28日，人民法院下达《行政判决书》，最终驳回了当事人的行政诉讼。同时，国家市场监督管理总局基于某省市场监督管理局对当事人立案调查的结论和企业使用名称应当遵循诚实信用的原则，向当事人下达《企业名称争议处理决定书》，要求其变更企业名称。

案件解析

（一）案情分析

举报人某电缆公司系原国有企业改制，于1996年7月26日登记注册，生产的电缆产品在省内具有较高的知名度。当事人在其网站栏目“关于我们”的公司简介宣传中含有“我公司产品已广泛应用于煤矿、电厂、变电站、石化、冶金、军工、电子、科研、通信领域，为众多国家重点工程配套使用，深得广大用户好评。例如，在‘铁道部全方位提速改造工程’‘全国电力系统电网改造工程’等省内外人型工建项日配套合作中发挥举足轻重的作用，为我公司创造良好的经济效益和社会效益。我公司已在电缆行业率先通过ISO9001国际质量体系认证、GB/T2400环境管理体系认证、GB/T28001职业健康安全管理体系认证、中国CCC强制性产品质量认证、国家质量技术监督局生产许可证等，并连年被评为‘重合同、守信用企业’‘产品质量好、售后服务好先进单位’，被质量万里行确认为‘打假扶优重点保护企业’等多项荣誉，并于2005年度被国家质量技术监督局评为‘中国名牌’‘国家免检产品’

等称号”等内容。当事人于2015年成立，不存在2005年度被国家质量技术监督局评为“中国名牌”“国家免检产品”等称号之可能。市场监督管理局依法多次要求当事人提供其公司获得的上述认证、荣誉等相关证明材料，截至案件调查终结之日，当事人无法提供。

经营者在生产经营活动中，应当遵循自愿、平等、公平、诚信的原则。当事人在与某电缆公司（投诉举报人）企业名称字号相同、主要经营业务属同行业，且在同一销售市场范围内的情况下，在利用网络进行公司宣传时，仍然对其公司曾获荣誉及称号作虚假或者引人误解的商业宣传，尤其是虚假宣传公司2005年度被国家质量技术监督局评为“中国名牌”“国家免检产品”等称号，严重破坏了经营活动中的诚信原则。其工厂直销店热线电话区号属某市，易使消费者认为其所销售产品的生产地在该市，易引人误认与他人存在特定联系。

（二）法律适用

当事人的行为已违反了《反不正当竞争法》第八条第一款“经营者不得对其商品的性能、功能、质量、销售状况、用户评价、曾获荣誉等作虚假或者引人误解的商业宣传，欺骗、误导消费者”的规定，当事人在其网站公司简介对其商品进行了虚假或者引人误解的商业宣传，已构成不正当竞争违法行为。

（三）示范点

本案有两点值得思考：第一，本案的虚假宣传是适用《反不正当竞争法》的虚假宣传还是《中华人民共和国广告法》（以下简称《广告法》）的虚假宣传；第二，企业在其官网上的商业宣传内容的法律规制。

第一，修订后的《反不正当竞争法》第八条规定了禁止虚假宣传制度，第八条第一款和修订前第九条的规定基本相同，对于虚假宣传行为的构成规定是比较明确的，即主体是经营者，手段是利用广告或者其他方法，内容是对商品的性能、功能、质量、销售状况、用户评价、曾获荣誉等作虚假宣传，后果是引起或者足以引起购买人对交易标的情况的误解。虚假宣传行为主要是经营者在对其商品或服务进行宣传等活动时，引起了消费者对该产品或服务信息的错误理解，进而导致消费者在制定购买决策时产生了与其真实意愿相违背的决定。本案中，某公司（当事人）主观上明知其与某电缆公司（举报人）企业名称字号完全相同、经营业务属同行业，且在同一销售市场的情况下，利用网络对其曾获认证、荣誉、称号、经营地址、经营情况等作虚假或者引人误解的商业宣传。其主观上有过错，存在虚假宣传掠取交易机会和竞争优势的故意。而《广告法》意义上的广告经营者在过失的情况下也可能实施此项行为。因此，在分析本案当事人的整个违法行为中可以看出，其主观故意是比较明显的，其不诚信行为已潜在损害了竞争对手的利益和消费者的权益。

第二，企业网站中的简介内容是否属于广告。《互联网广告管理暂行办法》第三条第二款第（四）项规定“推销商品或者服务的商业性展示中的广告，法律、法规和规章规定经营者应当向消费者提供的信息的展示依照其规定”。即经营者通过互联网展示信息，并不是所有的信息都是广告。仅就本案当事人的宣传行为而言，其在官网上在“关于我们”板块中对其公司的商品曾获荣誉进行介绍，阐述其优势，属于对自身的描述，是企业对外公开的信息。此类信息同商品的基本参数一样，是为保障消费者权益而展示的必要信息，不属于《广告法》规制的范畴。

《国家工商行政管理总局关于依据〈反不正当竞争法〉对虚假宣传行为定性处罚有关问题的答复意见》中指出，“企业在互联网上发布虚假、不真实的企业简介信息属于引人误解的虚假宣传行为，可以依据《反不正当竞争法》第九条第一款和第二十四条的有关规定定性处罚”。针对这一答复精神，企业在互联网上发布虚假、不真实的企业简介信息应该按照《反不正当竞争法》关于虚假宣传的规定来处理。

根据《反不正当竞争法》第二条第一款“经营者在生产经营活动中，应当遵循自愿、平等、公平、诚信的原则，遵守法律和商业道德”的法律宗旨，当事人在与某电缆公司企业名称字号完全相同，主要经营业务属同行业，且在同一销售市场范围内的情况下，利用网络对其曾获认证、荣誉、称号、经营地址、经营情况等作虚假或者引人误解的商业宣传，已违背诚实信用原则。

（选送单位：山西省司法厅）

8

某酒业有限公司组织策划传销案

基本案情

某酒业有限公司（以下称当事人）利用自己开设的网站作为会员管理系统，采取会议、一对一等形式进行营销模式的培训及宣传，注册制发展会员。成为其会员必须购买当事人生产的一款2697系列的“公元前”红酒，按购买红酒数量的不同，从低到高依次可成为五个相对应级别的会员：其中购买1件（2760元）、3件（8280元）、5件（13800元）、10件（27600元）、20件（55200元）可分别成为一星、二星、三星、四星、五星会员，五星会员为最高等级。当事人自2015年12月至2017年9月，在全国已发展会员53979个。当事人收取会员入门费用总计704818440元。当事人向各级会员支付奖金291112755.9元，会员遍及全国29个省级行政区域，已形成清晰的网络组织结构。当事人存在组织策划传销违法行为，当地市场监督管理局依法申请人民法院冻结涉传账户资金45966180.43元，并作出行政处罚。

处理结果

当事人的行为违反了《禁止传销条例》第七条第（二）项和第（三）项的规定，构成组织策划传销行为。依据《禁止传销条例》的相关规定，当地市场监督管理局对当事人作出了没收非法财物45966180.43元、罚款200万元的行政处罚。

案件解析

（一）案情分析

《禁止传销条例》第二条规定："本条例所称传销，是指组织者或者经营者发展人员，通过对被发展人员以其直接或者间接发展的人员数量或者销售业绩为依据计算和给付报酬，或者要求被发展人员以交纳一定费用为条件取得加入资格等方式牟取非法利益，扰乱经济秩序，影响社会稳定的行为。"

当事人通过利用会员管理系统让被发展人员以认购2697系列的"公元前"红酒的方式变相交纳入门费，注册成为其会员，使发展人员取得发展其他人员加入的资格，会员管理后台数据显示当事人以双轨制的形式发展人员，已形成清晰的上下线关系，并以下线的销售业绩为依据计算和给付上线报酬，牟取非法利益。当事人的上述行为违反了《禁止传销条例》第七条第（二）项和第（三）项规定，构成组织策划传销行为。

本案中，当事人利用会员管理平台要求参与者以购买2697系列的"公元前"红酒为幌子，交纳不同的费用成为不同级别的会员，成为会员后方可有发展下线的资格。当事人设计的奖金制度发展会员没有人数限制，但每个会员的一级下线只能有两个人（左右市场，也叫A区、B区，俗称"双轨制"），2人发展到4人，4人发展到8人，以此类推，会员发展的人数超过2人时，可以按照自己建立市场的需要，将新发展的会员放在其他会员的下面，以保证其市场的延续及市场业绩优良。当事人设计的奖金制度可以让会员非法获取其开发"市场"业绩的"福利大奖"，即上线会员可从发展的下线会员业绩总和中提取报酬，当事人的行为违反了《禁止传销条例》第七条第（二）项和第（三）项规定，构成组织策划传销行为，依据《禁止传销条例》第二十四条之规定，应对当事人作出行政处罚。

（二）法律适用

《禁止传销条例》第七条规定："下列行为，属于传销行为：（一）组织者或者经营者通过发展人员，要求被发展人员发展其他人员加入，对发展的人员以其直接或者间接滚动发展的人员数量为依据计算和给付报酬（包括物质奖励和其他经济利益，下同），牟取非法利益的；（二）组织者或者经营者通过发展人员，要求被发展人员交纳费用或者以认购商品等方式变相交纳费用，取得加入或者发展其他人员加入的资格，牟取非法利益的；（三）组织者或者经营者通过发展人员，要求被发展人员发展其他人员加入，形成上下线关系，并以下线的销售业绩为依据计算和给付上线报酬，牟取非法利益的。"

《禁止传销条例》第二十四条规定："有本条例第七条规定的行为，组织策划传销的，由工商行政管理部门没收非法财物，没收违法所得，处50万元以上200万元以下的罚款；构成犯罪的，依法追究刑事责任。有本条例第七条规定的行为，介绍、诱骗、胁迫他人参加传销的，由工商行政管理部门责令停止违法行为，没收非法财物，没收违法所得，处10万元以上50万元以下的罚款；构成犯罪的，依法追究刑事责任。有本条例第七条规定的行为，参加传销的，由工商行政管理部门责令停止违法行为，可以处2000元以下的罚款。"

（三）示范点

1. 办案机关对当事人的违法行为是否具有"管辖权"的问题。根据《行政处罚法》的相关规定，我国实行属地管辖，即违法行为发生地管辖为基础，级别管理、指定管辖为延伸和补充的行政管辖制度。而违法行为发生地，既包括违法行为实施地，也包括危害结果发生地。具体到网络传销，其实施地应包括以下内容：（1）组织者的操作地；（2）网站服务器所在地；（3）参加者操作地；（4）参加者缴纳"入门费"地和领取"奖金"地；（4）上线人员收取钱财地和发放"奖金"地。

互联网具有地域跨度大、传播范围广、受众分散、全球性、无界性等特点，导致网络传销行为隐秘性强、交易行为虚拟化、参与主体分散、地域跨度广且界限模糊。鉴于此，原国家工商总局早在2016年就在《工商总局关于进一步做好查处网络传销工作的通知》中规定：网络传销案件由违法行为发生地工商、市场监管部门负责查处。涉及多个地域或者违法行为发生地不易确定的网络传销案件，由最先立案的工商、市场监管部门或者主要违法行为发生地工商、市场监管部门负责查处。据查，办案机关在对当事人进行立案调查时，没有其他相关单位对当事人的违法行为进行立案调查。因此，按照立案在先的原则和规定，办案机关对当事人的违法行为具有管辖权。

2. 申请司法冻结应当向公安部门还是人民法院提出的问题。《禁止传销条例》第十四条第一款第（八）项规定“对有证据证明转移或者隐匿违法资金的，可以申请司法机关予以冻结”，司法冻结的机关应为法院，而不是公安机关。理由为，公安机关只能在刑事立案后才能采取冻结措施，根据刑事优于行政的原则，对同一主体的同一行为刑事追诉后，其行政违法已被刑事行为吸收，行政机关不宜再实施行政处罚，而应当向公安机关进行案件移交。因此，在行政调查阶段，如果出现《禁止传销条例》第十四条第（八）项规定的情形，工商机关不应当向公安机关申请司法冻结，而应该向法院申请。

3. 涉传账户资金查封期限超过45日是否违法的问题。根据《禁止传销条例》第十八条的规定，工商部门查封、扣押的期限为30日+15日，即最长不得超过45日，但该法条是对工商部门实施查封、扣押的规定，而本案对当事人财物的冻结是法院依行政裁定实施的司法行为，不是行政部门的行政行为，因此，本案对涉传资金的冻结行为不适用《禁止传销条例》第十八条查封、扣押期限的规定。

4. 当事人向会员支付的部分退款是否应扣除的问题。当事人提出已向会员退款291112755.9元，在计算和作出处罚时，应从非法财物中扣除。办案机关认为本案认定的是非法财物而不是违法所得，且认定的45966180.43元非法财物仅为其非法收入的一小部分，与当事人已退款项在逻辑上不可能重叠，不会发生冲突，不存在扣除的问题。

（选送单位：河北省司法厅）

9

某公司非法采集血液案

基本案情

2018 年 11 月 16 日，某省卫生健康委接到 A 县卫生局反映某生物工程有限公司在 A 县人民医院非法开展采集脐带血，涉嫌“非法行医”有关线索的报告。该委立即指派监督员到某生物工程有限公司开展调查取证工作。经核实：该公司是 B 市政府招商引资项目，2013 年 5 月 8 日与 B 市中心人民医院签订科研合作协议，在 B 市中心人民医院兴建专业实验室和人体干细胞保存库，医院负责技术管理、质量控制，并提供场地支持，公司负责运营。2018 年 6 月至 10 月该公司采集员在 A 县人民医院手术室采集脐带血 3 例，共计收费 44940 元。

处理结果

最终认定该公司在未取得《血站执业许可证》的情况下，擅自设置脐带血造血干细胞保存库，开展脐带血采集业务的行为违反了《中华人民共和国献血法》（以下简称《献血法》）第八条的规定。依据《献血法》第十八条第（一）项的规定，对该公司作出没收违法所得 44940 元，并处罚款 10 万元的行政处罚。2018 年 12 月 21 日对该公司直接送达了《行政处罚事先告知书》，当事人逾期未申请听证和陈述申辩。2018 年 12 月 25 日，卫生行政机关作出行政处罚决定并直接送达，该公司于 2018 年 12 月 26 日自觉履行行政处罚决定，本案顺利结案。

案件解析

（一）案情分析

本案是一起有关未取得脐带血造血干细胞库执业许可的某公司非法采集血液的案件。众所周知，血液安全是医疗安全的重要内容，打击非法采集血液违法行为，对于保障血液安全、防止血液性传染病的发生、保护广大人民群众的生命健康，具有重要意义。为确保血液安全，规范临床用血等执业行为，我国相继制定了《献血法》《血站管理办法》等卫生法律法规。《血站管理办法》依据其上位法《献血法》对于血站的类别、相应设置、批准程序进行了细化规定，将血站分为一般血站和特殊血站。对特殊血站的管理，《血站管理办法》《脐带血造血干细胞库管理办法（试行）》专章对其设置批准条件、执业许可、执业规范要求等作出详细规定，明确规定未取得《血站执业许可证》的，不得开展采供脐带血造血干细胞等业务。由此可知，我国法律对血液的采集是严格的行政许可制，脐带血造血干细胞库，属于应由国家卫生行政部门批准的特殊血站，比一般血站的设立门槛更高。脐带血造血干细胞库采供脐带血造血干细胞必须严格遵守各项技术操作规程和制度，对参与脐带血采集、处理和管理人员有严格的要求，采供应由取得国家卫生行政部门下发的《血站执业许可证》的特殊血站实施，未取得此类许可，任何组织和个人不得以营利为目的开展脐带血的采供活动，否则即违反法律规定的禁止性义务。本案当事人在不具备相应资质的情形下，多次以科研合作为名采集和保存脐带血并收取保存费用，采集的 3 份脐带血和胎盘组织运送至 B 市中心人民医院提供的专用场所（专业实验室和保存库）开展相关检测、保存工作。以上事实有现场笔录、现场照片、采集对象询问笔录、转账记录、合作协议等证据为证，另当事人提供了大量书证类材料，可确定该公司的血液采集行为违反了法律的禁止性规定，依法应当承担相应的法律责任。

（二）法律适用

本案的法律适用，涉及非法采集血液行政违法行为和非法采集血液罪的边界问题。本案的处罚依据为《献血法》第十八条第（一）项，即非法采集血液的，由县级以上地方人民政府卫生行政部门予以取缔，没收违法所得，可以并处 10 万元以下的罚款；构成犯罪的，依法追究刑事责任。因此，对于非法采集血液的行为，有可能同时违反卫生行政法律和刑事法律。《中华人民共和国刑法》（以下简称《刑法》）第三百三十四条规定了非法采集血液罪，是指未经国家主管部门批准，不具有采集血液的资格，而非法采集，或者虽然具有采集的资格，但是采集行为不符合国家有关标准，足以危害人体健康的行为。刑法理论上称为危险犯，非法采集血液行为与产生的实足危险必须同时具备。2008 年 9 月 22 日最高人民法院、最高人民检察院制定了《关于办理非法采供血液等刑事案件具体应用法律若干问题的解释》，对什么是足以危害人体健康，进行了明确列举。只要符合情形之一的，就应当认定为《刑法》第三百三十四条第一款规定的“不符合国家规定的标准，足以危害人体健康”，从而追究当事人的刑事责任。结合本案的具体案情、当事人的行为性质、目的作用等综合分析，该公司和医院签署合作协议，到医院产房采集脐带血，其主要目的在于分离干细胞后进行储存，以备储存人日后不时之需，用来治疗白血病、严重免疫性疾病等血液性疾病，以此获取一定的收益或营利。从客观表现来看，采集的这种特殊血液并未发生上述司法解释中所列举的血液传播疾病导致人员死亡、感染艾滋病病毒等造成血液传染病传播的严重后果或造成其他特别严重后果，不应认定当事人实施的采集脐带血的问题具有刑法罪名规定的危险性。为此，根据刑事法律的谦抑性特征及罪刑法定原则，应认为当事人的行为不构成非法采集血液罪，仅追究当事人相应的卫生行政法律责任。

（三）示范点

关于罚则中出现的“取缔”法律性质的认识问题。1997 年 12 月 29 日公布的《献血法》第十八条规定了“取缔”，与没收违法所得和并处罚款并列。但取缔属于行政处罚还是行政强制抑或其他行为，由于不具备严格的法律内涵，从其诞生之日起，行政法理论与实务对此争议不断。1996 年 10 月 1 日《行政处罚法》颁布实施，2012 年 1 月 1 日《中华人民共和国行政强制法》

（以下简称《行政强制法》）颁布实施，这两部法均未将“取缔”作为法律概念写入其中。执法实践中行政取缔应当如何实施，以什么程序实施，行政法律法规对此亦无明确规定。为此，本案执法机关在制作行政处罚决定书时，并未机械性地照搬法条，将取缔作为罚种写入行政处罚决定书中，而是以监督意见书的形式，下达行政指令，要求当事人对其收集的脐带血依法保存至有资质的机构。同时督促当事人进行整改，争取取得相应行政许可，合法合规执业，充分体现了执法为民的工作导向，达到了执法目的，取得了较好的社会效果。

（选送单位：湖北省司法厅）

10

姚某某骗取养老保险待遇案

基本案情

2019年1月31日，在内控检查中，某县社保局（现为某县社保中心）发现自治区民政厅火化信息平台公布的马某平火化信息，与在该县领取城镇职工基本养老保险待遇人员马某平的身份信息一致，与自治区人力资源和社会保障厅下发的城镇职工疑似死亡后其亲属或他人继续领取养老金预警信息一致。据此，该县社保局稽核机构立即启动了核查程序，经对社保信息系统及待遇领取人员资格认证等业务操作程序核查，发现该县某镇某村马某平的丈夫姚某某涉嫌伪造证明材料骗保，并及时将此线索移交该县人力资源和社会保障局。

根据移交的线索，该县人力资源和社会保障局组成工作组开展查处。经查，马某平于2014年10月因病死亡后，其夫姚某某没有如实报告，继续以马某平名义领取养老金。为达到能够长期领取的目的，在2015年度待遇领取资格确认时，姚某某采取冒充的手段，用其妻姐马某玲手持2015年7月11日某日报的照片，到该县社保中心办理了其妻马某平养老保险待遇领取资格认证手续。此外，姚某某还分别于2015年、2016年、2017年、2018年为马某平缴纳了城乡居民医疗保险费，以此来掩盖马某平的死亡真相。2014年11月至2018年12月，姚某某通过以上方式骗取养老金共计53995.08元。

处理结果

在查清事实的基础上，该县人力资源和社会保障局对姚某某伪造证明材料和故意隐瞒事实的行为进行了如下处理：一是停发死亡人员马某平的养老金，责令姚某某限期退回了骗取的养老金共计53995.08元。二是依法对姚某某作出了行政罚款的处罚决定。2019年6月4日出具了《社会保险基金监管行政处罚告知书》《社会保险基金监管行政处罚听证告知书》并依法送达给姚某某。在确认违法当事人姚某某无陈述、申辩和听证请求后，于2019年7月15日作出《社会保险基金监管行政处罚决定书》，处姚某某骗取养老金金额2倍罚款共计107990.16元。三是作出移送查处决定，将姚某某骗取养老金涉嫌犯罪一案移送该县公安局处理，并抄送县人民检察院。

案件解析

（一）案情分析

为达到继续冒领养老金之目的，该案违法当事人姚某某在其妻马某平因病死亡后未如实告知实情，在年度养老保险待遇资格认证时采取冒充方式通过待遇资格认证，为证实其妻马某平健在和继续领取养老金资格尚存又连续4年缴纳城乡居民医疗保险费。姚某某的上述欺骗行为，致使当地社保经办机构作出错误判断和决定，最终实现了骗取养老金之目的，并造成公共财产损失。姚某某应当受到相应处罚直至追究刑事责任。违法行为发生地的县级以上人力资源和社会保障部门、社保经办机构应当履行查处的法定职责。

（二）法律适用

该案适用法律条款主要有《中华人民共和国社会保险法》（以下简称《社会保险法》）、《行政处罚法》、《刑法》等相关规定。

行政处罚立案适用的法律条款主要有《行政处罚法》第二十五条、第二十六条第二十七条第二款和第二十九条。[①] 行政处罚是启动简易程序还是一般程序时适用的法律条款主要有《行政处罚法》第三十三条、第三十六条的规定；[②] 在应当听证的罚款数额标准上、法定办结时限上适用的法规条款是某自治区相关行政执法程序规定；行政处罚涉及的调查取证、处罚告知、听证告知、作出处罚决定、相应文书送达、行政处罚执行等程序主要适用《行政处罚法》第五章、第六章相关规定。

涉嫌犯罪移送查处适用的法律法规条款主要有《刑法》第二百六十六条及其立法解释和《行政执法机关移送涉嫌犯罪案件的规定》[③] 第五条、第六条以及《最高人民法院、最高人民检察院关于办理诈骗刑事案件具体应用法

---

① 已修订为2021年《行政处罚法》第三十条、第三十一条、第三十三条和第三十六条规定。第三十条规定："不满十四周岁的未成年人有违法行为的，不予行政处罚，责令监护人加以管教；已满十四周岁不满十八周岁的未成年人有违法行为的，应当从轻或者减轻行政处罚。"第三十一条规定："精神病人、智力残疾人在不能辨认或者不能控制自己行为时有违法行为的，不予行政处罚，但应当责令其监护人严加看管和治疗。间歇性精神病人在精神正常时有违法行为的，应当给予行政处罚。尚未完全丧失辨认或者控制自己行为能力的精神病人、智力残疾人有违法行为的，可以从轻或者减轻行政处罚。"第三十三条规定："违法行为轻微并及时改正，没有造成危害后果的，不予行政处罚。初次违法且危害后果轻微并及时改正的，可以不予行政处罚。当事人有证据足以证明没有主观过错的，不予行政处罚。法律、行政法规另有规定的，从其规定。对当事人的违法行为依法不予行政处罚的，行政机关应当对当事人进行教育。"第三十六条规定："违法行为在二年内未被发现的，不再给予行政处罚；涉及公民生命健康安全、金融安全且有危害后果的，上述期限延长至五年。法律另有规定的除外。前款规定的期限，从违法行为发生之日起计算；违法行为有连续或者继续状态的，从行为终了之日起计算。"

② 已修订为2021年《行政处罚法》第五十一条、第五十四条规定。第五十一条规定："违法事实确凿并有法定依据，对公民处以二百元以下、对法人或者其他组织处以三千元以下罚款或者警告的行政处罚的，可以当场作出行政处罚决定。法律另有规定的，从其规定。"第五十四条规定："除本法第五十一条规定的可以当场作出的行政处罚外，行政机关发现公民、法人或者其他组织有依法应当给予行政处罚的行为的，必须全面、客观、公正地调查，收集有关证据；必要时，依照法律、法规的规定，可以进行检查。符合立案标准的，行政机关应当及时立案。"

③ 《行政执法机关移送涉嫌犯罪案件的规定》已根据2020年8月7日《国务院关于修改〈行政执法机关移送涉嫌犯罪案件的规定〉的决定》修订。

律若干问题的解释》和某自治区高级人民法院、人民检察院关于办理诈骗刑事案件执行具体数额标准的相关规定等。

（三）示范点

首先，查处职责边界清楚，未发生越位越权的问题。主要体现在通过前期核查发现姚某某涉嫌骗保后，某县社保中心及时依法将问题线索移交给该县人力资源和社会保障局查处，而没有以经办机构处理代替行政处罚处理。该县人力资源和社会保障局在查清事实的基础上作出相应行政处罚处理决定后，进一步将该案移送该县公安局查处，没有以罚代刑。

其次，调查认定违法事实准确，所调取的证据环环相扣、相互印证。在查处姚某某违法行为中，该案工作组分别调取了该自治区民政厅网络公布且涉及马某平的火化信息、马某平原户籍所在地派出所出具的《死亡户口注销单》、由殡仪馆出具涉及马某平的火化证等证据，认定马某平死亡无误；调取年度养老保险待遇领取资格认证办理、原发放给马某平养老金发放明细、到账后的资金流向、具体获利人等书证、物证及有关知情人证言等证据，准确认定了违法主体及其具体的违法事实。

（选送单位：人力资源和社会保障部社会保险基金监管局）

11

某网络科技有限公司未经著作权人许可通过信息网络向公众传播其作品案

基本案情

“某剧TV”在应用市场里是一款知名的应用程序，在应用市场里搜索能出现多家同名手机应用。2019年3月，某市文化市场综合执法机构执法人员对某信公众号“某剧TV”进行了远程勘验，公众号内提供“某剧TV”应用程序的下载链接，下载的正是该市某网络科技有限公司的“某剧TV”应用程序，执法人员正式对该案启动调查。

“某剧TV”应用程序内的“影视”板块中有多部热门A国影视资源，可以在线播放，且软件内各板块和影视资源播放页面均有广告位和广告链接。为避免证据灭失，执法人员在完成100部影视作品的录屏和整理，提前对当事公司进行踩点后，2019年3月25日，赴A国著作权委员会北京代表处和B国电影协会北京代表处，和A国、B国有关方面进行沟通，协调对已取证的100部影视作品是否侵犯著作权进行认定。4月16日，A国著作权委员会北京代表处回函确认，该市某网络科技有限公司运营的“某剧TV”应用程序传播88部影视作品的行为均未得到相关权利人的授权。当日，执法人员对某网络科技有限公司进行现场检查，发现该公司12名相关负责人因涉嫌非法获取计算机信息系统数据被公安机关带走，办公场所的电脑及相关数据全部被公安机关取证扣押。某市文化市场综合执法机构找到配合抓捕的公安机关，向公安机关了解案情，将已知的情况与警方反复沟通，与他们保持密切联络。5月初，当事公司的法定代表人和相关负责人全部被取保候审，案件重启调查。

2019年5月16日，执法人员对某网络科技有限公司法定代表人鞠某进行了第一次调查询问，当事人承认“某剧TV”应用程序确为该公司运营。2017年2月，“某剧TV”应用程序集成视频资源播放的版本上线运营。2019年4月初，应用程序已经在各大应用市场下架，数据在后台都已清空。据当事人介绍，该应用程序内的影视资源主要利用网络爬虫以深度链接的技术手段从其他网站获取，经聚合投放在“某剧TV”应用程序中，当事人没有以服务器、磁盘等储存介质储存相应的影视资源。此外，当事人承认其与某广告联盟合作，在应用程序内提供广告位投放广告获取收益，并承认其提供的A国影视剧作品没有获得权利人授权。

2019年6月3日，执法人员对当事人进行了第二次调查询问，当调查询问非法经营额及非法所得额时，当事人交代“某剧TV”应用程序自2017年2月上线至2019年4月下架，总广告收益为1049211.53元。自认未获得授权的A国影视作品所带来的收益约占某广告联盟总收入的40%，即419684元。“某剧TV”应用程序内未经著作权人许可传播A国影视作品业务的人工成本为397021.48元。但因相关证据现已灭失，已无法核实和固定实证有购买170部影视作品版权的行为。当事公司提供了广告收入银行流水及账单，员工工资和劳动合同，执法人员对员工进行了调查询问。该案调查终结。

经过一系列的讨论和研究，执法人员核定419684元为本案的非法经营额，违法所得22662.52元（非法经营额扣除人工成本397021.48元）。2019年8月23日，某市文化和旅游局召开了案审会，确认没收违法所得22662.52元、罚款839368元。

处理结果

此案历时5个多月的调查，最终对该公司作出没收违法所得22662.52元、罚款839368元的行政处罚。2019年9月3日，某市文化市场综合执法机构向某网络科技有限公司送达了《行政处罚决定书》。9月4日，某网络科技有限公司缴纳了罚款。该案件结案。

案件解析

（一）案情分析

在案件办理过程中，难点主要是非法经营额和违法所得的确定。

对非法经营额的确定：“某剧TV”应用程序内共有5个板块，“首页”板块为其他板块信息汇总，是该应用程序的总入口；“部落”板块为社区圈子即讨论版功能；“追剧”板块主要提供影视资源播放；“发现”板块主要发布娱乐资讯和网站活动发布；“我的”板块为个人信息注册入口。其中“追剧”板块主要功能为影视资源播放，是本案件侵犯著作权行为的主要板块，其余板块不含侵犯他人著作权的影视资源。在本案调查过程中，当事人应用程序已关停下架，具体数据无法取证且当事人与某广告联盟的合作未进行各板块间的具体分割，执法人员无法对该应用程序内的侵权影视作品产生的违法经营额进行精确判定。在调查询问中当事人交代，本案涉及的侵权板块“追剧”中侵权影视资源的收益约占总广告收入的40%，初步核算为419684元。因板块分割及影视资源占比合理且与已取得的证据基本一致，决定对当事人自认数据予以采纳，核定419684元为本案的非法经营额。2017年2月至2019年3月的广告收益为1049211.53元。

对违法所得的确定：当事人虽有购买170部影视作品版权的行为，但其购买作品并非A国影视剧作品，与该案案值确定无直接关系。“某剧TV”应用程序影视作品业务的人工成本为397021.48元，包括该项目5名员工从应用程序上线到下线的工资收入（3名技术员工不仅做“某剧TV”应用程序的技术支持，还兼顾其他3个项目，所以仅取3人收入的四分之一，其他2名运营人员为项目全职），扣除该项目的人工成本，违法所得为22662.52元。

（二）法律适用

未经著作权人许可通过信息网络向公众传播其作品的行为违反了《中华人民共和国著作权法》（以下简称《著作权法》）第四十八条第（一）项之规定，有下列侵权行为的，应当根据情况，承担停止侵害、消除影响、赔礼道歉、赔偿损失等民事责任；同时损害公共利益的，可以由著作权行政管理部门责令停止侵权行为，没收违法所得，没收、销毁侵权复制品，并可处以罚款；情节严重的，著作权行政管理部门还可以没收主要用于制作侵权复制品的材料、工具、设备等；构成犯罪的，依法追究刑事责任：（一）未经著作权人许可，复制、发行、表演、放映、广播、汇编、通过信息网络向公众传播其作品的，本法另有规定的除外。①

依据《中华人民共和国著作权法实施条例》第三十六条的规定："有著作权法第四十八条所列侵权行为，同时损害社会公共利益，非法经营额5万元以上的，著作权行政管理部门可处非法经营额1倍以上5倍以下的罚款；没有非法经营额或者非法经营额5万元以下的，著作权行政管理部门根据情节轻重，可处25万元以下的罚款。"

（三）示范点

在案件办理过程中，该案的争议焦点在于涉及两法衔接问题。该案件虽然非法经营数额巨大，但是在和公安机关沟通的过程中，并没有形成足够的证据及理由进行移交，未移交成功的原因有三点。

（1）警方立案调查的案由是非法获取计算机信息系统数据罪。某网络科技有限公司因在"某剧TV"应用程序中，利用深度链接技术将某网站影视作品聚合到应用程序内供用户观看，于2019年4月被警方以非法获取计算机信息系统数据罪立案调查。警方在带走所有证据，又知其是聚合影视作品的情况下，没有选择侵犯著作权罪进行立案，同时，根据服务器原则，该案的影

---

① 已修订为2020年《著作权法》第五十三条规定。第五十三条："有下列侵权行为的，应当根据情况，承担本法第五十二条规定的民事责任；侵权行为同时损害公共利益的，由主管著作权的部门责令停止侵权行为，予以警告，没收违法所得，没收、无害化销毁处理侵权复制品以及主要用于制作侵权复制品的材料、工具、设备等，违法经营额五万元以上的，可以并处违法经营额一倍以上五倍以下的罚款；没有违法经营额、违法经营额难以计算或者不足五万元的，可以并处二十五万元以下的罚款；构成犯罪的，依法追究刑事责任：（一）未经著作权人许可，复制、发行、表演、放映、广播、汇编、通过信息网络向公众传播其作品的，本法另有规定的除外；（二）出版他人享有专有出版权的图书的；（三）未经表演者许可，复制、发行录有其表演的录音录像制品，或者通过信息网络向公众传播其表演的，本法另有规定的除外；（四）未经录音录像制作者许可，复制、发行、通过信息网络向公众传播其制作的录音录像制品的，本法另有规定的除外；（五）未经许可，播放、复制或者通过信息网络向公众传播广播、电视的，本法另有规定的除外；（六）未经著作权人或者与著作权有关的权利人许可，故意避开或者破坏技术措施的，故意制造、进口或者向他人提供主要用于避开、破坏技术措施的装置或者部件的，或者故意为他人避开或者破坏技术措施提供技术服务的，法律、行政法规另有规定的除外；（七）未经著作权人或者与著作权有关的权利人许可，故意删除或者改变作品、版式设计、表演、录音录像制品或者广播、电视上的权利管理信息的，知道或者应当知道作品、版式设计、表演、录音录像制品或者广播、电视上的权利管理信息未经许可被删除或者改变，仍然向公众提供的，法律、行政法规另有规定的除外；（八）制作、出售假冒他人署名的作品的。"

视作品通过聚合链接而成，并没有存储在服务器中，属于间接侵权，学术界认为间接侵权不构成侵犯著作权罪。

（2）某市文化市场综合执法机构执法人员通过 A 国著作权委员会北京代表处共取得了“某剧 TV”里 88 部影视作品的侵权鉴定，但执法人员现场检查时该公司相关人员已被警方带走配合调查，公司处于关门停业状态；待该公司相关人员取保候审，当公司重新营业后，执法人员发现“某剧 TV”应用程序已下架，相关侵权链接已删除，无法统计、计算侵权作品的播放量及非法经营额。从已取得的证据来看，侵权作品数量不足 500 部，这 88 部侵权的影视作品非法经营额无法确定是否达到 5 万元，均不满足依据刑事标准。

（3）在该案件的行政处罚流程中，因该公司被警方先行调查，相关数据信息已被提取，以及该公司的侵权方式是以深度链接的技术手段从其他网站抓取视频链接聚合到“某剧 TV”应用程序内，未存储这些侵权视频，故无法详细统计侵权作品数量、计算非法经营额。根据《中华人民共和国行政诉讼法》（以下简称《行政诉讼法》）第三十三条的规定，当事人的自述材料可以作为证据使用，故本案中对于非法经营额的确定是以当事人的自述材料为依据，经研究计算方法、最终金额有理有据、合情合理，故予以采信。但是从刑事诉讼角度出发，《中华人民共和国刑事诉讼法》第五十五条第一款规定：“对一切案件的判处都要重证据，重调查研究，不轻信口供。只有被告人供述，没有其他证据的，不能认定被告人有罪和处以刑罚；没有被告人供述，证据确实、充分的，可以认定被告人有罪和处以刑罚。”仅有当事人供述材料，且无法取得其他证据，不满足刑事诉讼法的相关规定，故不予移交。

（选送单位：文化和旅游部文化市场综合执法监督局）

12

某门诊部不按规定报告传染病疫情引起传染病传播案

基本案情

2018年12月21日，某区卫生健康委员会对某门诊部开展监督检查发现：2018年12月17日至19日，某职业教育中心杨某某、王某某等14名在册学生被诊断为疑似流感。该门诊部负责人称门诊医生将杨某某、王某某诊断为疑似流感后立即向辖区社区卫生服务中心进行了报告，但未能出示报告的相关记录和传染病登记本。某区卫生健康委员会通过查询辖区社区卫生服务中心的网络直报系统核实，该门诊部医生诊断时间是12月18日，报告时间为12月20日，不符合24小时内进行网络报告的要求。

辖区疾控中心疫情监测报告显示，自12月20日以来，该职业教育中心累计发生病例30例，该事件被判定为流感样病例暴发疫情，并达到突发公共卫生事件（Ⅳ级）标准。

处理结果

该门诊部的行为违反了《中华人民共和国传染病防治法》（以下简称《传染病防治法》）、《突发公共卫生事件与传染病疫情监测信息报告管理办法》等法律法规的规定。《传染病防治法》第三十七条规定："依照本法的规定负有传染病疫情报告职责的人民政府有关部门、疾病预防控制机构、医疗机构、采供血机构及其工作人员，不得隐瞒、谎报、缓报传染病疫情。"《突发公共卫生事件与传染病疫情监测信息报告管理办法》第七条规定："任何单位和个人必须按照规定及时如实报告突发公共卫生事件与传染病疫情信息，不得瞒报、缓报、谎报或者授意他人瞒报、缓报、谎报。”

某区卫生健康委员会于 2019 年 1 月 16 日，依据《突发公共卫生事件与传染病疫情监测信息报告管理办法》第四十一条“个体或私营医疗保健机构瞒报、缓报、谎报传染病疫情或突发性公共卫生事件的，由县级以上卫生行政部门责令限期改正，可以处 100 元以上 500 元以下罚款；对造成突发性公共卫生事件和传染病传播流行的，责令停业整改，并可以处 200 元以上 2000 元以下罚款，触犯刑律的，对其经营者、主管人员和直接责任人移交司法机关追究刑事责任”的规定，对该门诊部给予罚款 1000 元的行政处罚。

案件解析

（一）案情分析

该案是适用《传染病防治法》《突发公共卫生事件与传染病疫情监测信息报告管理办法》对缓报传染病疫情造成传染病传播的行为实施行政处罚的案件，案由新颖。该案反映的医疗机构对于传染病报告义务的忽视并不是个例，具有一定的普遍性，因此，就该类违法行为实施行政处罚对医疗机构具有很好的警示作用。

1. 医疗卫生机构未依法履行传染病疫情报告义务，违法事实清楚、证据确凿

《突发公共卫生事件应急条例》明确规定，发生或者可能发生传染病暴发、流行的，医疗卫生机构应当在 2 小时内向所在地县级人民政府卫生行政主管部门报告。《流感样病例暴发疫情处置指南》（2018）规定，当一周内同一学校出现 10 例及以上流感样病例时，应当及时报告并通过“中国流感监测信息系统”报告疫情事件相关信息；当一周内同一学校出现 30 例及以上流感样病例时，经县级卫生疾病预防控制机构核实确认，应当在 2 小时内通过“突发公共卫生事件信息管理系统”进行报告。《传染病信息报告管理规范》规定，丙类传染病病人、疑似病人和规定报告的传染病病原携带者在诊断后，应于 24 小时内进行网络报告；不具备网络直报条件的医疗机构，及时

将传染病报告卡信息报告属地乡镇卫生院、城市社区卫生服务中心或县级疾病预防控制机构进行网络报告，并于24小时内寄送出传染病报告卡至代报单位。

传染病的确诊具有一个过程，尤其是对于流感样病例，一周内同一学校出现10例及以上流感样病例时，达到应当及时报告的条件。《流感样病例暴发疫情处置指南》（2018）没有明确具体报送时间，根据《传染病信息报告管理规范》的规定，及时报送可理解为24小时内进行报送，即该门诊部应当在24小时内向社区卫生服务中心报告流感病例。在本案中，当事人在被询问时才承认知晓医疗机构具有传染病报告的法定义务，在开始出现散发病例时并未重视，直到后来发病人数增加才意识到严重性，但此时疫情已发展为突发公共卫生事件。执法人员经充分调查取证，结合疾控中心疫情报告的内容“该门诊部漏报传染病，导致疾控机构不能及时掌握疫情信息、及时采取防控措施是本起疫情暴发的主要原因”等综合认定，医疗卫生机构未依法履行传染病疫情报告义务，违法事实清楚、证据确凿。

2. 涉及医疗卫生机构传染病疫情报告制度的法律规范

有《行政处罚法》《传染病防治法》《突发公共卫生事件应急条例》《突发公共卫生事件与传染病疫情监测信息报告管理办法》等法律法规。《传染病防治法》第三十条、第三十七条、第六十九条对医疗机构未按照规定报告传染病疫情，或者隐瞒、谎报、缓报传染病疫情的责任后果作出了规定。《行政处罚法》第十二条第二款规定：“尚未制定法律、行政法规的，前款规定的国务院部、委员会制定的规章对违反行政管理秩序的行为，可以设定警告或者一定数量罚款的行政处罚。罚款的限额由国务院规定。”[①] 对此，《突发公共卫生事件与传染病疫情监测信息报告管理办法》第四十一条对个体或私营医疗保健机构瞒报、缓报、谎报传染病疫情的责任后果作出了

① 已修订为2021年《行政处罚法》第十三条第二款规定。第十三条第二款：“尚未制定法律、行政法规的，国务院部门规章对违反行政管理秩序的行为，可以设定警告、通报批评或者一定数额罚款的行政处罚。罚款的限额由国务院规定。”

补充规定，即“对造成突发性公共卫生事件和传染病传播流行的，责令停业整改，并可以处200元以上2000元以下罚款”。由于《突发公共卫生事件与传染病疫情监测信息报告管理办法》第四十一条设定的“责令停业整改”的处罚措施不符合《行政处罚法》对于规章设定行政处罚种类的规定，因此不予适用。

3. 处罚主体适当，裁量合理

根据《传染病防治法》的规定，医疗机构未按照规定报告传染病疫情，或者隐瞒、谎报、缓报传染病疫情的，由县级以上人民政府卫生行政部门进行查处。因此，某区卫生健康委员会是适格的执法主体。同时，根据疾控中心疫情报告的内容，该门诊部的行为属于漏报传染病、忽视传染病报告义务的行为，主观恶性不大，没有造成特别严重的危害后果，因此某区卫生健康委员会依据《突发公共卫生事件与传染病疫情监测信息报告管理办法》第四十一条的规定，在200元以上2000元以下的行政裁量范围内，对该门诊部给予罚款1000元的行政处罚，属于合理裁量的范围。

4. 处罚符合法定程序

在本案中，在作出处罚决定之前，某区卫生健康委员会告知了该门诊部相关处罚的事实和理由，听取了该门诊部的陈述与申辩，符合法定程序要求。该门诊部作为行政处罚相对人，在被询问时才承认知晓医疗机构具有传染病报告的法定义务，执法者顺便开展了普法宣传工作，遵循了处罚与教育相结合的基本原则。

（二）法律适用

《行政处罚法》第十二条规定：“国务院部、委员会制定的规章可以在法律、行政法规规定的给予行政处罚的行为、种类和幅度的范围内作出具体规定。尚未制定法律、行政法规的，前款规定的国务院部、委员会制定的规章对违反行政管理秩序的行为，可以设定警告或者一定数量罚款的行政处罚。罚款的限额由国务院规定。国务院可以授权具有行政处罚权的直属机构依照本条第一款、第二款的规定，规定行政处罚。”①

《传染病防治法》第三十条第一款规定：“疾病预防控制机构、医疗机构和采供血机构及其执行职务的人员发现本法规定的传染病疫情或者发现其他传染病暴发、流行以及突发原因不明的传染病时，应当遵循疫情报告属地管理原则，按照国务院规定的或者国务院卫生行政部门规定的内容、程序、方式和时限报告。”

《传染病防治法》第三十七条规定：“依照本法的规定负有传染病疫情报告职责的人民政府有关部门、疾病预防控制机构、医疗机构、采供血机构及其工作人员，不得隐瞒、谎报、缓报传染病疫情。”

《突发公共卫生事件应急条例》第十九条规定：“国家建立突发事件应急报告制度。国务院卫生行政主管部门制定突发事件应急报告规范，建立重大、紧急疫情信息报告系统。有下列情形之一的，省、自治区、直辖市人民政府应当在接到报告1小时内，向国务院卫生行政主管部门报告：（一）发生或者可能发生传染病暴发、流行的；（二）发生或者发现不明原因的群体性疾病的；（三）发生传染病菌种、毒种丢失的；（四）发生或者可能发生重大食物和职业中毒事件的。国务院卫生行政主管部门对可能造成重大社会影响的突发事件，应当立即向国务院报告。”

《突发公共卫生事件应急条例》第二十条规定：“突发事件监测机构、医疗卫生机构和有关单位发现有本条例第十九条规定情形之一的，应当在2小时内向所在地县级人民政府卫生行政主管部门报告；接到报告的卫生行政主管部门应当在2小时内向本级人民政府报告，并同时向上级人民政府卫生行政主管部门和国务院卫生行政主管部门报告。县级人民政府应当在接到报告后2小时内向设区的市级人民政府或者上一级人民政府报告；设区的市级人

① 已修订为2021年《行政处罚法》第十三条规定。第十三条：“国务院部门规章可以在法律、行政法规规定的给予行政处罚的行为、种类和幅度的范围内作出具体规定。尚未制定法律、行政法规的，国务院部门规章对违反行政管理秩序的行为，可以设定警告、通报批评或者一定数额罚款的行政处罚。罚款的限额由国务院规定。”

民政府应当在接到报告后2小时内向省、自治区、直辖市人民政府报告。”

《突发公共卫生事件与传染病疫情监测信息报告管理办法》第七条规定：“任何单位和个人必须按照规定及时如实报告突发公共卫生事件与传染病疫情信息，不得瞒报、缓报、谎报或者授意他人瞒报、缓报、谎报。”

《突发公共卫生事件与传染病疫情监测信息报告管理办法》第四十一条规定：“个体或私营医疗保健机构瞒报、缓报、谎报传染病疫情或突发性公共卫生事件的，由县级以上卫生行政部门责令限期改正，可以处100元以上500元以下罚款；对造成突发性公共卫生事件和传染病传播流行的，责令停业整改，并可以处200元以上2000元以下罚款，触犯刑律的，对其经营者、主管人员和直接责任人移交司法机关追究刑事责任。”

（选送单位：重庆市司法局）

13

某原料药垄断案

基本案情

某原料药是一种抗组胺类药物，主要用于治疗鼻炎、皮肤黏膜过敏及缓解流泪、打喷嚏、流鼻涕等感冒症状，既可单独制成制剂（片剂和注射剂），也可作为原料药用于生产多种感冒药等常用药物。2018年6月，有关方面反映，该原料药短期之内价格快速上涨，导致部分药品停产，引起社会广泛关注。

2018年7月，市场监督管理总局对A公司、B公司等企业涉嫌实施垄断行为立案调查，并随后组织力量对相关下游企业调查，补充完善证据。调查发现，A公司是国内最大的该原料药生产企业，B公司是进口该原料药的独家代理，并因有业务合作对A公司具有一定控制力，两家企业在该原料药市场占有绝对市场份额。2018年2月以来，在B公司主导下，两家涉案企业密切联系、相互配合，实施了滥用市场支配地位行为，导致该原料药供应短缺、价格大幅上涨，部分下游厂商减产停产，并损害了广大患者利益，产生了恶劣的社会影响。

处理结果

涉案企业相关行为违反了《中华人民共和国反垄断法》（以下简称《反垄断法》）规定。国家市场监督管理总局依法作出行政处罚，责令两家涉案企业停止违法行为；对B公司没收违法所得239.47万元，处以上一年度销售额8%的罚款计847.94万元；对A公司处以上一年度销售额4%的罚款计155.73万元。对两家涉案企业罚没共计1243.14万元。

案件解析

（一）案情分析

1. 本案相关市场

相关市场是指经营者在一定时期内就特定商品或者服务进行竞争的商品范围和地域范围。在反垄断执法实践中，通常需要界定相关商品市场和相关地域市场。

就本案而言，从需求角度分析，某药作为原料药被广泛用于生产2000多种感冒和过敏类药物制剂，包括销量较大的常用药品。根据我国药品管理相关法律法规，每一类成品药配方（包括使用原料药的种类和用量）均需严格依据《中华人民共和国药典》和相关标准执行，配方中含有该原料的成品药，其成分不能被其他任何原料药或其他成分所替代。从供给角度分析，在国内生产该原料药需要获得国家相关管理部门颁发的原料药批文、生产证书、药品生产许可证等资质，且该原料药生产设备与其他原料药不能通用。同时，国外生产企业向国内出口该原料药必须具备原料药进口批文等资质。因此，其他原料药生产企业无法在短期内进入该原料药市场，不存在有效的供给替代。因此，本案相关市场为中国该原料药市场。

2. 两家涉案企业在中国该原料药市场具有市场支配地位

一是中国该原料药市场高度集中，可推定两家涉案企业具有市场支配地位。经查，2017 年，两家涉案企业占中国该原料药市场份额合计为 96.38%；2018 年 1 月至 7 月，所占市场份额合计为 88.55%，且每家企业市场份额均超过十分之一。根据《反垄断法》第十九条规定，可以推定两家涉案企业在中国该原料药市场具有市场支配地位。

二是两家涉案企业具有较强的控制该原料药销售市场的能力。两家涉案企业在中国该原料药市场占有绝对市场份额，是下游相关药品生产厂商采购该原料药的最主要对象，在很大程度上能够控制该原料药的价格、数量或者其他交易条件。

三是下游经营者对两家涉案企业依赖程度较高。该原料药市场竞争者数量较少，市场集中度较高，两家涉案企业是最主要的该原料药供应者。下游相关药品生产厂商数量众多，竞争较为激烈，该原料药是下游厂商生产相关药品的必需原料，且该原料药长期供应紧张，供需矛盾突出。

四是其他经营者进入中国该原料药市场难度较大。在中国生产该原料药需同时具备原料药批文、GMP、药品生产许可证等资质，国外生产企业向国内出口该原料药必须具备进口批文等资质，并满足注册检验、专家评审、临床测试、定期检查等一系列监管程序要求，耗时较长。同时，下游相关药品生产厂商改用新供应来源的该原料药，需对所生产药品重新进行检验和备案。

3. 两家涉案企业实施了滥用市场支配地位行为

一是 B 公司滥用市场支配地位，以不公平高价销售该原料药。2018 年 7 月，B 公司以 2940 元/公斤的价格向下游经营者销售该原料药。经查，2940 元/公斤的销售价格为 B 公司采购该原料药平均成本的 3 至 4 倍。上述销售行为实施期间，该原料药生产和采购成本并没有发生重大变化。B 公司以 2940 元/公斤的价格对外销售该原料药，价格增长明显超过正常幅度，且缺乏正当理由，明显不公平。

二是两家涉案企业滥用市场支配地位，多次以无货为由拒绝向下游相关药品生产厂商供应该原料药，或者将缴纳高额保证金、将成药回购统一销售、成药涨价并提成等作为供应该原料药的条件，事实上是变相拒绝与下游相关药品生产厂商进行交易。

三是两家涉案企业滥用市场支配地位，没有正当理由搭售商品。调查查明，两家涉案企业利用在中国该原料药市场上的支配地位，要求下游经营者在采购该原料药时必须购买或更大批量购买其淀粉胶囊、药用蔗糖等药用辅料，否则不供应该原料药。

4. 两家涉案企业实施滥用市场支配地位行为，性质严重、危害程度较深

一是助推该原料药价格上涨。作为最主要的该原料药供应企业，两家涉案企业实施囤货、拒绝交易等行为，导致该原料药供应紧张，价格上涨。

二是严重破坏市场公平竞争。两家涉案企业的行为损害下游经营者利益，使相关竞争者不能有效参与市场竞争，具有明显的排除、限制竞争效果。

三是社会影响恶劣。该原料药是生产2000余种常用药的重要原料，两家涉案企业的行为导致该原料药供应短缺、价格大幅上涨，部分下游厂商减产停产，损害了广大患者利益，产生了恶劣的社会影响。

（二）法律适用

《反垄断法》第十七条第一款第（一）项、第（三）项、第（五）项分别规定，禁止具有市场支配地位的经营者从事下列滥用市场支配地位的行为：以不公平的高价销售商品或者以不公平的低价购买商品；没有正当理由，拒绝与交易相对人进行交易；没有正当理由搭售商品，或者在交易时附加其他不合理的交易条件。本案两家涉案企业的行为构成上述滥用市场支配地位行为。

《反垄断法》第四十七条规定："经营者违反本法规定，滥用市场支配地位的，由反垄断执法机构责令停止违法行为，没收违法所得，并处上一年度销售额百分之一以上百分之十以下的罚款。"第四十九条规定："……反垄断

执法机构确定具体罚款数额时，应当考虑违法行为的性质、程度和持续的时间等因素。”考虑到本案相关违法行为持续时间较短，涉案企业能够配合调查、积极整改，国家市场监督管理总局对两家涉案企业依法作出行政处罚。

（三）示范点

原料药领域垄断行为会导致下游药品涨价或短缺，反垄断执法机构持续加大执法力度，有力打击原料药领域垄断行为，及时回应社会关切，形成了执法震慑，维护了市场公平竞争。本案有以下示范意义：

一是依法从快查处。药品直接关系到消费者切身利益，社会各方面广泛关注。本案从启动调查到最终处理用时不到5个月，体现了国家市场监督管理总局坚持依法从快查处原料药领域垄断行为，及时回应社会关切，有力维护了原料药市场公平竞争的市场秩序和消费者利益。

二是从严从重处理。近年来，反垄断执法机构严厉查处了涉及多个品种的原料药垄断行为。本案中，国家市场监督管理总局对起主要作用的B公司依法处以上一年度销售额8%的罚款，对起次要作用的A公司处以上一年度销售额4%的罚款，体现了从严从重处理的原则，对该领域垄断违法行为形成了有效震慑。

三是注重执法成效。在接受反垄断调查后，两家涉案企业主动整改，及时纠正了违法行为，并恢复了对某原料药的正常供应。同时，国家市场监督管理总局进一步加强与有关部门的信息沟通、共享和工作协调，积极推动反垄断执法成效传递到终端，使广大消费者切实感受到反垄断执法的成效。

（选送单位：国家市场监督管理总局法规司）

14

某公司未经批准从事直销活动案

基本案情

2018年3月，某区市场监管局在对辖区理内写字楼部分楼层进行检查时，发现某公司（以下称当事人）涉嫌从事违反市场监管法律法规活动，经报批准，对当事人立案调查。

某区市场监管局依法对当事人经营场所进行了现场检查，对当事人商品进行了清点，查阅了当事人经营资料和财务资料，对当事人和有关人员进行了询问调查。

经查，当事人从2017年5月起采用发展会员并通过会员在店铺外向消费者推销商品的方式开展销售活动，截至案发时，当事人共发展会员300余人，在该模式下销售了大量商品。在调查过程中，执法人员依法获得的主要证据资料有：1. 现场检查笔录、现场照片，证明当事人从事直销；2. 对有关人员的询问笔录，证明当事人从事直销；3. 当事人会员网络图，证明当事人的销售方式；4. 当事人2017年工作总结，2018年1月、2月的销售日报，证明当事人的销售额；5. 当事人会计凭证和对当事人会计的询问笔录，证明当事人的销售额和非法收入；6. 当事人库存商品统计表，证明当事人直销产品库存数量；7. 当事人公司营业执照复印件，证明当事人主体资格。

处理结果

某区市场监管局认为，当事人发展会员并通过会员在店铺外直接向消费者推销产品的销售方式，属于《直销管理条例》第三条规定的直销。当事人未经商务部许可从事直销，违反了《直销管理条例》第九条从事直销需经商务部行政许可的规定，构成未经批准从事直销的行政违法行为。

2018 年 4 月，某区市场监管局向当事人送达了《行政处罚听证告知书》。当事人在法定期限内口头提出了陈述和申辩，未提出听证申请。某区市场监管局对当事人陈述和申辩进行了核实，并召开案件评审会。经研究，某区市场监管局对当事人下达行政处罚决定，认定当事人的行为构成未经批准从事直销，责令当事人立即改正违法行为，没收违法销售收入 252.46 万元，罚款 43 万元。

案件解析

（一）案情分析

《直销管理条例》将未经批准从事直销定为违法行为，以确保直销许可制度实施，维护直销市场秩序。直销是众多现代经销模式中的一种，对促进市场经济条件下商品流通的发展有着积极作用，但是由于这种经销模式在交易过程中存在很大程度的信息不对称性，直销人员也具有分散性的特点，所以极容易引发一些不规范甚至是违法行为的发生，进而损害广大消费者和直销从业人员的切身利益。因此，国家对直销业确立了较为严格的审批和监管制度，在《直销管理条例》中设立了直销经营行政许可，只允许经国家许可的企业从事直销，未经许可不得从事直销。

直销许可制度门槛较高，许可条件较为严格。根据《直销管理条例》规定，一个企业要申请成为直销企业应当具备下列条件：1. 投资者具有良好的商业信誉，在提出申请前连续 5 年没有重大违法经营记录；外国投资者还应当有 3 年以上在中国境外从事直销活动的经验。2. 实缴注册资本不低于人民币 8000 万元。3. 在指定银行足额缴纳了保证金。4. 依照规定建立了信息报备和披露制度。此外，直销企业成立后要在一个地区开展直销活动，还必须在拟从事直销活动的省级行政区域内设立负责该行政区域内直销业务的分支机构，在其从事直销活动的地区建立符合县级以上人民政府要求的服务网点。

该条例从 2005 年施行至今，我国共批准直销企业 92 家。

未经批准擅自直销是直销案件中主要违法行为。类型在直销经营领域实施行政许可制度，必然要求监管机关对未经行政许可擅自从事直销行为进行行政处罚。如果一方面规定了严格的行政许可制度，另一方面又放任未经许可从事直销的行为，那么行政许可制度就没有任何意义。如果不将未经许可从事直销的行为定为违法，那么企业就没有必要申请直销经营行政许可。如果不处罚未经许可从事直销的行为，那么直销市场中会出现大量身份不明、以牟取非法利益为目的实际从事直销的企业，不仅对付出大笔资金、投入巨资建厂申请到直销经营许可证的企业不公平，损害直销市场公平竞争环境，而且会导致直销市场秩序混乱，消费者和正规从业者权益得不到保障。因此，对于未经批准从事直销的行为，有必要进行制止和处罚。

本案中，当事人未申请直销经营许可，实质以直销方式从事经营，发展人员众多，涉案金额巨大，破坏了国家行政许可制度，损坏了直销市场公平竞争环境，扰乱了直销市场秩序，因此对其进行立案调查和处罚是完全必要的，也是完全有法律依据的。

（二）法律适用

首先，需认定当事人从事的经营行为实质上属于《直销管理条例》定义的直销。《直销管理条例》第三条第一款规定："本条例所称直销，是指直销企业招募直销员，由直销员在固定营业场所之外直接向最终消费者（以下简称消费者）推销产品的经销方式。"本案中，当事人采用发展会员并通过会员在店铺外向消费者推销商品的方式开展销售活动。虽然当事人并未宣称自己从事的是直销，其招募的人员也不叫作直销员而叫作会员，但判定一种经营行为是否属于直销，不是根据经营行为的外在名称和涉及人员的名称，而是根据这种经营行为的具体模式进行判断。从《直销管理条例》中对于直销的定义来看，直销这种经营行为的核心要素是：企业招募自然人，自然人在固定营业场所之外向最终消费者销售。本案当事人的经营模式完全符合直销的核心要素，因此构成实质上的直销。

其次，需认定当事人从事直销未经批准。《直销管理条例》第九条第一款规定：“申请人应当通过所在地省、自治区、直辖市商务主管部门向国务院商务主管部门提出申请。省、自治区、直辖市商务主管部门应当自收到申请文件、资料之日起7日内，将申请文件、资料报送国务院商务主管部门。国务院商务主管部门应当自收到全部申请文件、资料之日起90日内，经征求国务院工商行政管理部门的意见，作出批准或者不予批准的决定。予以批准的，由国务院商务主管部门颁发直销经营许可证。”当事人未向商务部门提交申请，也没有获得直销经营许可证，因此很容易证明当事人从事直销未经批准。

最后，需根据法律条文中违法认定条款和罚则，最终认定当事人未经批准从事直销的行为违法，并进行处罚。《直销管理条例》第三十九条规定：“违反本条例第九条和第十条规定，未经批准从事直销活动的，由工商行政管理部门责令改正，没收直销产品和违法销售收入，处5万元以上30万元以下的罚款；情节严重的，处30万元以上50万元以下的罚款，并依法予以取缔；构成犯罪的，依法追究刑事责任。”某区市场监管局根据案件事实和此条款，认定当事人行为构成未经批准从事直销的违法行为，因当事人发展人员众多、涉案金额较大，进而认定当事人的违法行为属于“情节严重”一档，最终责令当事人立即改正违法行为，并没收违法销售收入252.46万元，罚款43万元。

（三）示范点

有的观点错误地认为《直销管理条例》仅适用于已获得直销经营许可的企业，用于规范这些企业的经营活动，而不适用于未获得直销经营许可的企业。这种理解是不准确的，《直销管理条例》不仅用于规范已获得直销经营许可企业的经营活动，而且用于规范整个直销市场的秩序，所有采用直销模式开展经营的企业均受该条例约束，不论其是否获得直销经营许可。在实践中，《直销管理条例》第三十九条关于未经批准从事直销活动的罚则，一般适用于两类违法行为：第一类是无直销经营许可的企业擅自开展直销活动，无直销经营许可既包括完全没有申请过许可，也包括申请了但在等待审批过程中；第二类是已获得直销经营许可的企业在未获准从事直销的区域从事直销活动，这里的具体所指是，企业获得直销经营许可，并不意味着其有权直接在全国开展直销，企业还需向审批部门申请直销区域，如果企业只获批A省的直销区域，却在B省从事直销，也构成未经批准从事直销。

对于绕开国家直销审批制度的行为予以制止和处罚起到了良好示范效应。由于我国的直销审批制度非常严格，申请直销的门槛较高，所以部分企业决定绕开审批，不申请直销经营许可，私自从事直销经营活动。对于此类行为，各地监管执法部门应及时立案调查，并依法处理，否则直销市场上会出现大量未获得直销经营许可从事直销的企业，挤压正规直销企业，扰乱直销市场秩序，损害消费者和正规从业者权益。

本案的执法办案过程也具有示范效应，一是查清事实，违法主体、经营模式、发展人员数量，违法经营金额和违法收入等案件关键事实，均经调查后查清；二是收集证据，通过现场检查、询问有关人员等方式，调取会计凭证、人员网络图、销售日报、当事人工作总结、商品统计表等资料，证明违法事实存在；三是依法认定违法行为，对当事人经营模式进行实质分析，将其认定为实质上的直销行为，进而认定其经营行为构成未经批准从事直销；四是注重执法程序合法，保障当事人合法权利，依法立案、检查、收集证据、拟定处罚意见、听证告知、案件审核，对当事人陈述和申辩意见认真核实和研究，确保案件办理过程和结果公正。

（选送单位：国家市场监督管理总局法规司）

15

某医院多项辐射环境违法案

基本案情

2019年10月，某省生态环境厅对某医院辐射环境违法行为开展了现场调查。

经查，2018年5月，某医院与某医疗设备销售公司签订了设备采购合同，购买了一台美国某公司制造的数字减影血管造影机（以下简称DSA）。同年8月，该医院利用已建其他医疗场所，经辐射防护改造，作为DSA设备的辐射工作场所。

2018年10月上旬，该医院完成了DSA的安装、调试工作，10月下旬正式使用，至本案调查时完成了冠状动脉造影、支架植入等约300例手术。

该医院使用的DSA设备，属Ⅱ类射线装置，开机运行时会产生X射线，应按规定在辐射工作场所建设（或利用已有非辐射工作场所进行辐射改造）前向具有审批权的生态环境主管部门报送环境影响报告表，取得环评批复同意后，方可开工建设（或实施改造），并办理Ⅱ类射线装置的使用许可。DSA设备正式使用前，应按要求开展竣工环境保护验收，经验收合格后，方可正式运行。

该医院使用的DSA设备，其场所辐射改造前，未报批环境影响评价文件，也未办理Ⅱ类射线装置的使用许可；在正式投用前，未开展竣工环境保护验收。

该医院于2019年3月向生态环境主管部门报送的《核技术利用项目环境影响报告表》中未对评价对象工程建设现状进行如实说明，采用本底监测、类比监测数据、后附的DSA机房进行辐射防护时的照片等行为，存在刻意回避评价对象已建成运行的事实，该环评文件存在基础资料不实、弄虚作假等情形。

经查，该医院 DSA 合同额度为 948.6 万元，已含主设备、必备的辅助设备及机房辐射防护材料、施工屏蔽费用，该医院新建血管造影机（DSA）项目总投资为 948.6 万元。

综上，该医院存在四项辐射环境违法行为，该省生态环境厅依法对其实施了行政处罚，并充分保障了当事人依法享有的陈述、申辩和要求听证的权利。该案未被提起行政复议或行政诉讼，已执行完毕。

处理结果

考虑该医院违法行为的事实、性质、情节及社会危害程度，结合《某省环境行政处罚自由裁量权规定》，处理结果如下：

1. 对其使用 DSA 设备，超出了现有辐射安全许可范围，且有新建辐射工作场所，未按照规定依法重新申领辐射安全许可证的违法行为，处以人民币 40000 元的罚款。

2. 对其 DSA 辐射工作场所开工建设前，未按照规定报批环境影响评价文件的违法行为，处以人民币 94860 元的罚款。

3. 对其 DSA 辐射工作场所放射防护设施未经验收合格即投入使用的违法行为，处以人民币 60000 元的罚款。

4. 对其报批的环境影响评价文件中存在基础资料不实、弄虚作假等违法行为，处以人民币 500000 元的罚款。

案件解析

（一）案情分析

本案中，该医院四项环境违法行为，事实确凿，证据充分。其持有的当地生态环境主管部门颁发的《辐射安全许可证》中明确规定了使用Ⅲ类射线装置。本案使用明显超许可，违规使用高类别的射线装置。其“未批先建”和“未验先投”两项环境违法行为，属于明显的程序违法。最后一项违法行为是报送的 DSA 环评文件存在基础资料不实、弄虚作假等情形，其调查取证稍有难度。

2019 年 1 月，该医院委托某环境监测公司对 DSA 辐射工作场所进行辐射水平检测，并出具两份放射防护检测（状态）报告，一份报告是在开机曝光状态下进行的辐射水平检测（曝光条件：电压 78kV，电流 344.3mA），另一份报告是在关机状态下进行的辐射水平检测，两份报告中检测时间为同一天。

2019 年 2 月，该医院委托某环评公司承担该院 DSA 辐射工作场所的环评编制工作，该环评公司编制的环评文件中引用了某环境检测公司出具的检测报告，作为该医院 DSA 建设项目辐射环境现状调查结果评价的依据。足见，该项目开展环评工作时已处于建成可运行状态。但该医院向生态环境主管部门报送的环评文件刻意隐瞒 DSA 已建成的事实，以拟建项目进行报批。

此外，本次调查调取的该医院 DSA 工作站存贮的 DSA 使用记录列表和放射科检查登记表以及 DSA 机房内监控视频影像（2018 年 10 月至 2019 年 10 月），均能证实 DSA 设备已于 2018 年 10 月 20 日开始正式使用。

（二）法律适用

《放射性同位素与射线装置安全和防护条例》第十二条规定："有下列情形之一的，持证单位应当按照原申请程序，重新申请领取许可证：（一）改变所从事活动的种类或者范围的；（二）新建或者改建、扩建生产、销售、使用设施或者场所的。"第五十二条规定："违反本条例规定，生产、销售、使用放射性同位素和射线装置的单位有下列行为之一的，由县级以上人民政府生态环境主管部门责令停止违法行为，限期改正；逾期不改正的，责令停产停业或者由原发证机关吊销许可证；有违法所得的，没收违法所得；违法所得 10 万元以上的，并处违法所得 1 倍以上 5 倍以下的罚款；没有违法所得或者违法所得不足 10 万元的，并处 1 万元以上 10 万元以下的罚款：……（三）改变所从事活动的种类或者范围以及新建、改建或者扩建生产、销售、使用设施或者场所，未按照规定重新申请领取许可证的；……"

《中华人民共和国环境影响评价法》（以下简称《环境影响评价法》）第

二十条第一款规定："建设单位应当对建设项目环境影响报告书、环境影响报告表的内容和结论负责，接受委托编制建设项目环境影响报告书、环境影响报告表的技术单位对其编制的建设项目环境影响报告书、环境影响报告表承担相应责任。"

《环境影响评价法》第二十二条第一款规定："建设项目的环境影响报告书、报告表，由建设单位按照国务院的规定报有审批权的生态环境主管部门审批。"

《环境影响评价法》第二十五条规定："建设项目的环境影响评价文件未依法经审批部门审查或者审查后未予批准的，建设单位不得开工建设。"

《环境影响评价法》第三十一条第一款、第二款规定："建设单位未依法报批建设项目环境影响报告书、报告表，或者未依照本法第二十四条的规定重新报批或者报请重新审核环境影响报告书、报告表，擅自开工建设的，由县级以上生态环境主管部门责令停止建设，根据违法情节和危害后果，处建设项目总投资额百分之一以上百分之五以下的罚款，并可以责令恢复原状；对建设单位直接负责的主管人员和其他直接责任人员，依法给予行政处分。建设项目环境影响报告书、报告表未经批准或者未经原审批部门重新审核同意，建设单位擅自开工建设的，依照前款的规定处罚、处分。"

《环境影响评价法》第三十二条第一款规定："建设项目环境影响报告书、环境影响报告表存在基础资料明显不实，内容存在重大缺陷、遗漏或者虚假，环境影响评价结论不正确或者不合理等严重质量问题的，由设区的市级以上人民政府生态环境主管部门对建设单位处五十万元以上二百万元以下的罚款，并对建设单位的法定代表人、主要负责人、直接负责的主管人员和其他直接责任人员，处五万元以上二十万元以下的罚款。"

《中华人民共和国放射性污染防治法》（以下简称《放射性污染防治法》）第三十条第二款规定："放射防护设施应当与主体工程同时验收；验收合格的，主体工程方可投入生产或者使用。"

《放射性污染防治法》第五十一条规定："违反本法规定，未建造放射性污染防治设施、放射防护设施，或者防治防护设施未经验收合格，主体工程即投入生产或者使用的，由审批环境影响评价文件的环境保护行政主管部门责令停止违法行为，限期改正，并处五万元以上二十万元以下罚款。”

（三）示范点

1. 对辐射类建设项目总投资额的认定，除辐射设备费用外，还应包括该设备配套的其他辅助设备费用、辐射工作场所的土建或改造费用，以及辐射防护材料、施工费用。

2. 对未批先建违法行为需要严格核查违法行为的发生时间，因生态环境法律近年来变化较大，应依据法不溯及过往、从旧兼从轻原则适用法条，同时需要依据《行政处罚法》第二十九条[①]确定追溯时限。

3.《放射性同位素与射线装置安全和防护条例》第五十二条第一款中，各分句之间是并列关系，而不是递进关系。因此对违法行为实施行政处罚不以违法行为“逾期不改正”为前置条件。

（选送单位：新疆维吾尔自治区司法厅）

16

某混凝土有限公司未经批准擅自取水案

基本案情

2020年5月19日，某市水务局接到举报，对某混凝土有限公司的用水情况进行行政检查。由于该公司搅拌站站长韩某故意隐瞒事实、隐匿违法行为，

① 已修订为2021年《行政处罚法》第三十六条规定。第三十六条：“违法行为在二年内未被发现的，不再给予行政处罚；涉及公民生命健康安全、金融安全且有危害后果的，上述期限延长至五年。法律另有规定的除外。前款规定的期限，从违法行为发生之日起计算；违法行为有连续或者继续状态的，从行为终了之日起计算。”

执法人员在当日及后续两次现场检查中均未发现自备井。经执法人员走访当地村委会调查，并向当事人讲明政策法律、陈述利害后，其才于5月26日承认该公司有1眼自备井。经现场勘查，发现该公司自备井未取得取水许可证件，也未安装计量设施，井深约60米，有取水管20根，每根3米，取水设施为潜水泵，铭牌显示取水能力为每小时32立方米，于2020年5月中旬公司将自备井封停。由于该公司存在未经批准擅自取用地下水的违法行为，市水务局依法作出了行政处罚。

处理结果

2020年5月26日，某市水务局正式立案。经调查取证，向该公司依法下达了《行政处罚事先告知书》和《行政处罚听证告知书》。该公司未进行陈述、申辩，未申请听证。经过案件委员会审理、内部审批、法制审核等执法程序，2020年6月8日，某市水务局依据《中华人民共和国水法》（以下简称《水法》）第六十九条第（一）项的规定，责令某混凝土有限公司立即停止违法行为、限期采取补救措施，并对其作出“罚款人民币拾万元”的行政处罚决定，并于当日送达了《行政处罚决定书》。该公司主动履行了行政处罚决定，对其自备井按照技术标准重新封填，本案结案。

案件解析

（一）案情分析

某混凝土有限公司于2013年4月27日成立，法定代表人是丁某。经调查得知，丁某在2013年购买此搅拌站时自备井就已存在于厂区东侧，但返砂严重，断断续续使用至2020年5月中旬，取水主要是用于生产混凝土和员工生活，属于一般工业用水性质，按法律法规规定，应申领取水许可证。当事公司的违法事实有询问笔录、勘验笔录、现场指认照片、勘查照片、执法全过程记录等证据为证。某市水务局认定，某混凝土有限公司未经批准擅自取用地下水，事实清楚、证据确凿，该行为违反了《水法》的相关规定，依法应予行政处罚。

由于该公司自备井没有安装计量设施，根据《取水许可和水资源费征收管理条例》第五十三条的规定，按照日最大取水能力计算取水量，根据其自备井潜水泵铭牌标记的取水流量，计算后得知日取用地下水量大于200吨，应处9万元以上10万元以下罚款；某混凝土有限公司在执法人员调查用水情况时，存在故意隐瞒事实、隐匿销毁违法行为证据、不配合执法的行为，应依据《某省水行政处罚裁量权实施办法》的规定对其从重处罚，综合考虑违法事实和情节，应按照最高执行标准处罚，即处以10万元罚款。

（二）法律适用

1. 未经批准擅自取水违法行为的认定依据。《水法》第四十八条第一款规定："直接从江河、湖泊或者地下取用水资源的单位和个人，应当按照国家取水许可制度和水资源有偿使用制度的规定，向水行政主管部门或者流域管理机构申请领取取水许可证，并缴纳水资源费，取得取水权。但是，家庭生活和零星散养、圈养畜禽饮用等少量取水的除外。"

2. 未经批准擅自取水违法行为的处罚依据。《水法》第六十九条第（一）项规定，未经批准擅自取水的，由县级以上人民政府水行政主管部门或者流域管理机构依据职权，责令停止违法行为，限期采取补救措施，处2万元以上10万元以下罚款。

3. 行政处罚自由裁量权适用。《某省水行政处罚裁量权执行标准》第一条"违法行为：未经批准擅自取水的"执行标准第四项规定，"拒不停止违法行为，不采取补救措施的，或日取地表水二千立方米、地下水二百立方米以上的，或者在地下水禁采区取水的，处九万元以上十万元以下罚款。"

（三）示范点

本案系一起典型的未经批准擅自取用地下水资源的处罚案例，有以下两个问题值得注意。

1. 关于违法当事人的认定。依据《水法》第四十八条的规定，需要办理取水许可手续的，应当是"直接从江河、湖泊或者地下取用水资源的单位和个人”。本案中，某混凝土有限公司虽然不是取水工程的投资人，但购买搅拌站时自备井就已存在，且继续使用，应当认定为所有权继承人和实际受益人。更关键的是，某混凝土有限公司是实施取水行为的直接当事人，因此，应当认定由其承担法律责任。

2. 关于违法事实的认定。对取用地下水资源的行为，一般应当包括两个阶段：一是修建取水工程（凿井）阶段，二是取水阶段。我们在案件查处实践中是区别对待的：如果是在第一个阶段案发，认定为违法修建水工程案件，按照未经批准擅自修建取水工程的有关规定处罚，而不能按照违法取水追究责任，因为当事人还没有开始取水，没有实质性的取水行为；如果是在第二个阶段案发，需追究未经批准擅自取水的法律责任，同时还需追究擅自修建水工程的法律责任。本案中，某混凝土有限公司的违法行为案发于取水阶段，且在追诉期内，应依据《水法》第六十九条第（一）项的规定，追究擅自取水的法律责任；而取水工程（取水井）已于2013年前修建完毕，且非该公司修建，根据《行政处罚法》和《水行政处罚实施办法》相关规定，违法行为在二年内未被发现的，不再给予水行政处罚，所以不再追究擅自修建水工程的法律责任。

由本案得出，首先，要严格落实行政执法三项制度。执法人员在办案过程中严格落实行政执法三项制度的有关要求，特别是在执法全过程记录中，执法人员从执法文书、执法记录仪、询问视频监控等方面严格履行执法全过程记录制度，以“传统＋现代”的取证方式，使本案认定的事实清楚、证据确实充分，让当事人心服口服而顺利结案。执法过程中，以“传统”方式取得书证、物证和证人证言，多形式证据成链，案件证据确实充分；以“现代”视频方式，利用现代化技术手段，对立案、调查取证、决定、执行等行政执法全过程的跟踪记录，有效固定保存了证据，实现执法环节全程“画”追溯，提高了行政执法人员的办案质量和效率。同时，在执法办案过程中，与法制审核机构共同研究案情，严格落实重大行政执法决定法制审核制度，有效避免了执法易错问题的出现。

其次，对与本案类似的有关行政处罚案件，处罚工作办结后还需要对取水工程设施进行水资源论证和审核。要由当事人申请取水许可手续，并进行水资源论证，如果水行政主管部门经过审核后通过，则应当发放取水许可证；如果审核后没有通过，则应当责令当事人将井按照技术标准回填或强制封填，恢复原状，全部工作才算彻底结束。

最后，要在执法过程中开展法治宣传。本案案情并不十分复杂，但调查取证过程繁复曲折。本案当事人开始并不配合执法办案，存在故意隐瞒事实、隐匿违法行为的情况，通过执法人员说明来意、耐心细致的交流才查明事实。特别是将行政执法与相关普法紧密结合起来，落实“谁执法，谁普法”要求，在查明事实真相的过程中，积极向当事人宣讲了有关取用地下水的法律法规政策要求和规定，这既是向当事人说理的过程，也是普法的过程，不仅树立了执法人员公正文明的形象，还赢得了当事人配合。

（选送单位：河北省司法厅）

17

民政局查办某 App 平台违规组织公开募捐活动案

某 App 平台系某市某网络科技有限公司负责运营的网上购物平台。2020 年 2 月 11 日，某市某区民政局对某 App 平台及其运营单位违规组织公开募捐活动的违法事实，作出警告并责令改正的行政处罚。

基本案情

2020 年 2 月 4 日，某市某区民政局接到某市慈善总会促进处转办，反映某 App 平台在其首页设置捐款链接，点击进入具体活动页面，出现“我要捐款”通道，并注明捐款截止日为 2020 年 5 月 31 日，捐款采取“购买虚拟物品”的方式进行，物品的不同尺寸即为不同的捐款额度（20至10000元不等）。经查，该平台运营商为某市某网络科技有限公司，其驻地为某区某街道，该慈善机构要求某区民政局进行调查。2020年2月4日下午，某区民政局与市场监督管理局联合对某网络科技有限公司开展调查核实，因无法联系到公司法人代表，故执法人员于当天下午报警。2月4日16时45分，执法人员与该公司法定代表人尹某取得联系。尹某表示，该公司于2020年1月31日通过某App平台进行了公开募集资金活动，目前已募集80余万元，所募集的资金将全部捐赠给红十字会。

处理结果

经调查，某App平台及其运营单位某网络科技有限公司在未取得公开募捐资格的情况下，违规组织公开募捐活动的违法事实成立。根据《中华人民共和国慈善法》（以下简称《慈善法》）第一百零一条的规定，给予某网络科技有限公司警告的行政处罚，对违法募集的财产，责令退还捐赠人。某App平台及其运营单位某网络科技有限公司已于2020年2月4日晚在某App平台发布《关于暂停募资捐赠活动的通知》，终止了公开募捐活动，共计募集资金806654.74元，已于2020年2月5日全部通过原渠道退还捐赠人。

案件解析

（一）案情分析

关于某App平台及其运营单位某网络科技有限公司是否具有公开募捐资格的问题。根据《慈善法》第二十二条规定，慈善组织开展公开募捐，应当取得公开募捐资格。依法登记满两年的慈善组织，可以向其登记的民政部门申请公开募捐资格。慈善组织符合内部治理结构健全、运作规范的条件的，由民政部门直接发给公开募捐资格证书。因此，慈善组织在依法登记前二年，不具有公开募捐的资格。某App平台及其运营单位某网络科技有限公司仅是工商注册公司，非慈善组织，不具有公开募捐资格，其公开募捐行为违反了

《慈善法》第一百零一条的规定。

（二）法律适用

对某 App 平台及其运营单位某网络科技有限公司如何处罚的问题。根据《慈善法》第一百零一条规定，不具有公开募捐资格的组织或个人开展公开募捐的，由民政部门予以警告、责令停止募捐活动；对违法募集的财产，责令退还捐赠人；难以退还的，由民政部门予以收缴，转给其他慈善组织用于慈善目的；对有关组织或者个人处 2 万元以上 20 万元以下罚款。某 App 平台及其运营单位某网络科技有限公司进行违法公开募捐活动，其出发点是好的，但形式上存在错误。但该平台及其运营单位第一时间发布《关于暂停募资捐赠活动的通知》，终止了公开募捐活动，并通过原渠道将捐款资金退还捐赠人。考虑到其未造成重大不利影响，因此给予某网络科技有限公司警告的行政处罚。

（三）示范点

1. 某 App 平台公开募捐违法案件由谁管理的问题。社会组织登记管理法律法规对社会组织（包括慈善组织）违法活动的管辖原则是明确的，即“谁登记，谁监管”，但对社会组织以外的组织、个人违法开展的公开募捐活动，《慈善法》及相关配套政策没有明确规定，某 App 平台及其运营单位某网络科技有限公司的违法行为由谁管辖的问题，是本案初期的焦点，根据《公开募捐违法案件管辖规定（试行）》规定，通过互联网开展公开募捐的，由组织住所地、个人居住地等所在地民政部门管辖。无法确定所在地的，由互联网信息服务提供者许可或者备案机关所在地的民政部门管辖。因某 App 平台及其运营单位某网络科技有限公司注册地在某区范围内，所以由该区民政局管辖。

2. 做慈善也要守法。积德行善是中华民族几千年的道德观。特别是随着互联网的发展，“人人可慈善、人人做慈善、人人争当慈善人、社会多元主体参与”的良好社会氛围日益浓厚，更多的组织和个人参与到慈善事业当中。但是慈善募捐不是任何人或机构都可以慈善名义而任意进行的，其必须符合相关法律规范，这主要包括募捐者的资格、募捐的程序等。正如本次某 App 平台及其运营单位某网络科技有限公司公开募捐行为，爱心是宝贵的，但对《慈善法》学习不够，行为存在违反《慈善法》之处，各级民政部门、慈善组织，应该加大对慈善相关法律法规的宣传与指引，加大对慈善活动的监管力度，推进慈善信用管理和联合惩戒，大力弘扬慈善精神，积极传播正能量，依法行善，足以为后来者警戒。

（选送单位：浙江省司法厅）

（二）证据认定疑难处理

18

某培训机构非法雇佣案

基本案情

2020 年 7 月，某市公安局某区分局出入境管理办公室（以下简称某区出入境管理办公室）根据群众举报在该区某路某号的某培训机构内查获两名涉嫌非法就业的外籍教师。根据《中华人民共和国出境入境管理法》（以下简称《出境入境管理法》）的相关规定，已对涉案的违法个人和单位分别作出处罚。由于涉及三方聘用、合同关系，本案在调查取证过程中有不小的挑战，对办理同类案件有较好借鉴意义。

处理结果

根据《出境入境管理法》第四十三条第（二）项、第八十条第一款之规定，给予存在非法就业的 Y 某罚款 5000 元的行政处罚；根据《出境入境管理法》第四十三条第（一）项、第八十条第一款之规定，给予存在非法就业违法行为的K某罚款5000元的行政处罚；根据《出境入境管理法》第四十一条第一款、第八十条第三款之规定，给予存在非法聘用外国人的某培训机构罚款2万元的行政处罚；根据《出境入境管理法》第八十条第二款之规定，给予存在介绍外国人非法就业的某商务咨询有限公司罚款5000元的行政处罚。

案件解析

（一）案情分析

2020年7月，某市某区出入境管理办公室接到举报，本市某区某路某号的某培训机构内有两名涉嫌非法就业的外籍教师。经查，该公司确有两名外籍教师，分别为Y某（女，护照号：EP16××××）和K某（男，护照号：AB329××××），二人均从事英语教学工作，其中外籍女子Y某被查处时持有某商贸有限公司的外国人工作许可证（以下简称工作证）和工作类居留许可；外籍男子K某被查处时持有贸易签证，两名外国人对从事外教行为供认不讳，初步认定两名外国人已构成非法就业违法行为，某培训机构构成非法聘用外国人违法行为。

经进一步调查，某培训机构承认与某商务咨询有限公司签订合作协议，由其安排外教Y某前往某培训机构从事英语教学工作。民警遂对某商务咨询有限公司开展调查工作，通过调查取证，最终查实某商务咨询有限公司存在介绍外国人非法就业的违法行为。

1. 法律主体分析

本案共涉及三方违法主体，一是实际聘用方某培训机构；二是非法就业的外籍人员；三是从事居间介绍的某商务咨询有限公司。某培训机构主要从事针对青少年的英语培训业务，某商务咨询有限公司是一家专门为求职外教和需求外教的培训机构提供居间介绍的中介公司。某培训机构委托该商务咨询有限公司帮其寻找外教，经面试后拟聘用外籍女子Y某为某培训机构的英语外教。后双方公司达成协议，由某商务咨询有限公司与Y某签订合作协议，负责外教Y某的日常管理，包括请假、课时统计、工资支付等，并将其外派到某培训机构进行外教工作，某培训机构每月向该商务咨询有限公司支付人民币25000元。

2. 案件难点分析

本案中某培训机构借助第三方公司非法聘请外籍教师的行为，在英语培训类机构中呈上升趋势。双方以签订课程外包服务协议的方式进行合作，是近年来在涉外语言培训类市场中出现的一种较新的合作方式，双方通过打“擦边球”逃避法律法规的处罚。一方面，实际用人单位（培训机构）认为外教是与第三方（中介公司）签订的合作协议，自己只是购买了第三方公司的课程服务，而课程服务中当然也包括授课老师，并且外教的日常管理也由第三方公司负责，所以不认为自己具有非法聘用外教的行为。另一方面，第三方公司（中介机构）认为公司只负责为外教寻找合适的工作，只是充当人力资源服务的角色，不存在介绍非法就业的行为，同时并未以公司名义为外教办理外国人工作许可证和工作类居留许可，且外教的实际工作地点也不在其公司内，双方并无雇佣关系，所以也不存在非法聘用的行为。相比之前第三方公司先以本公司名义为外教申办外国人工作许可证和工作类居留许可后再将外教介绍至培训机构工作，这种方式显然隐蔽性更强，给民警调查工作带来很大难度。

3. 违法行为分析

本案中，民警以培训机构和外教作为主要突破口通过调查取证，最终确定了三方之间的实际关系。本案中，某商务咨询有限公司以营利为目的，在明知外教Y某持有某商贸有限公司的外国人工作许可证和工作类居留许可的情况下将其介绍至某培训机构从事英语教学工作，并负责对Y某的日常管理，所以该商务咨询有限公司的行为应被认定为介绍他人非法就业；而某培训机构虽然未与Y某签订劳动合同且没有实际支付Y某劳动报酬，但双方存在事实劳动关系，所以某培训机构的行为应被认定为非法聘用外国人。

（二）法律适用

2013年7月，《出境入境管理法》颁布实施，对外国人非法就业的违法行为作出了明确的规定。其第四十三条以列举的形式将常见的三类外国人非法就业情形（未按规定取得工作许可和工作类居留证件、超出工作许可限定范围、外国留学生勤工俭学超出岗位范围或时限）认定为非法就业。在实际工作中，办案民警应根据实际情况和不同情形准确适用相关法律条款，对违法嫌疑人的违法行为准确认定并依法处罚。

本案中，外教Y某因持有某商贸有限公司的外国人工作许可证和工作类居留许可而实际在某培训机构从事英语教学工作，故民警在办案中依据《出境入境管理法》第四十三条第（二）项的规定“超出工作许可限定范围在中国境内工作的”认定其存在非法就业违法行为。而外教K某因持有贸易签证在某培训机构从事英语教学工作，民警依据《出境入境管理法》第四十三条第（一）项的规定“未按照规定取得工作许可和工作类居留证件在中国境内工作的”认定其存在非法就业违法行为。两人因在某培训机构实际工作时间较短，民警依法对两人分别处以5000元的罚款处罚。

（三）示范点

1. 确保证据链完整。如当事人不给予调查人员以积极的配合，或者恶意阻挠调查工作的开展，均会严重干扰调查取证工作的正常开展，继而影响最终的查处结果。在办理此类案件时，民警应注意采集相关涉案证据，通过现场拍照取证、公司员工和学生家长走访、获取雇佣双方签订的劳动合同或协议等方式进行证据固定，形成证据链，以防因证据不足而导致案件无法正常办理。

2. 准确认定三种非法就业行为。当前涉外语言培训类机构中的非法就业案件基本呈现以下三种情形：一是外教已取得了外国人工作许可证和工作类居留许可，但实际工作单位与外国人工作许可证上的工作单位不符；二是外教持贸易签证、团聚签证等其他种类签证从事教学工作；三是外教虽然持有培训机构的外国人工作许可证，但实际从事工作内容与外国人工作许可证上许可的工作岗位不同（如外国人工作许可证上许可的工作岗位为行政管理，实际从事英语教学工作）。民警在办案中不能混淆概念或简单理解从而导致适用法律条款产生偏差。

3. 提升民警的办案意识和敏锐性。在此类案件中，通常会存在第三方中介机构在外教和培训机构之间进行居间介绍从而获利的情形。非法聘用和介绍他人非法就业这两种违法行为存在相互关联和显著区别，民警在办案时应厘清相互关系，准确定性，以防“漏罚错罚”。

（选送单位：国家移民管理局政策法规司）

19

某工程建设公司拖欠劳动者工资案

基本案情

2019 年 7 月 5 日，杜某等 22 人到某市人力资源和社会保障局（以下简称某市人社局）劳动保障监察支队投诉某高速改扩建项目拖欠工资共计 40.78 万元。

经查，某高速改扩建项目施工总承包单位为中交某航务工程局（以下简称中交某航局），工程分包单位为某工程建设公司，某工程建设公司委派聂某为该项目的负责人。随后，聂某招用投诉人杜某等 22 人从事修桥修涵洞模板施工，施工时间为 2018 年 4 月至 9 月。投诉人杜某等 22 人未与某工程建设公司签订书面劳动合同。工程完工后，聂某向杜某等 22 人出具了《工程清算单》，确认了杜某等 22 人施工工程量和拖欠工资数额为 40.78 万元。同日，聂某还出具了《承诺书》，约定 2019 年 6 月底支付上述工资。

某工程建设公司称拖欠杜某等 22 人工资情况属实，其认可施工工程量，但对核算劳务工资的单价存在异议。该单位认为根据施工合同计算，实际拖欠杜某等22人工资数额为18.59万元，并提供了一套其与中交某航局工程结算的汇总资料予以佐证。虽然该单位对投诉人提供的《工程清算单》《承诺书》中的劳务单价有异议，但其未再提供其他证据证明双方就劳务单价曾有过约定。

处理结果

2019年10月8日，某市人社局向某工程建设公司送达限期改正指令，要求其于10月18日前支付拖欠投诉人的工资40.78万元。其申请延期至10月15日进行处理，但逾期仍未整改。11月8日，某市人社局向某工程建设公司送达行政处理告知，要求其于11月15日前支付拖欠投诉人的工资40.78万元，并告知该单位对其经责令改正拒不改正的行为拟罚款19999元。该单位未提出陈述申辩意见。11月26日，某市人社局向某工程建设公司出具《劳动保障监察行政处理决定书》，要求某工程建设公司于11月29日前向投诉人杜某等22人支付工资40.78万元；同时向该单位出具《劳动保障监察行政处罚决定书》，对该单位经责令改正拒不改正的行为作出罚款19999元的行政处罚。

该单位不服，于2020年1月向上级人力资源和社会保障局申请行政复议。提起行政复议时，该公司已向当地法院提起确认效力之诉，法院判决是该行政复议案件审理的关键证据。2020年7月8日，法院作出《民事裁定书》。2020年8月，上级人力资源和社会保障局作出行政复议决定，维持某市人社局2019年11月26日作出的行政决定。

案件解析

（一）案情分析

根据上述调查情况可知，某工程建设公司和投诉人对欠薪的事实均无异议，双方争论的焦点主要为两点：1. 项目负责人聂某有无权限向投诉班组核算工程量及工资；2. 欠薪金额问题。

针对第一个焦点，本案中，某工程建设公司作为该项目的分包单位，授权聂某为其委托人代为签署其与总承包单位中交某航局的《通道、涵洞工程施工协作合同》，且在施工过程中，作为分包单位负责人与施工总承包单位进行施工计量的确认，参与、负责处理与投诉人的劳务工资纠纷。聂某的一系列行为都充分说明了其作为项目负责人的身份，聂某为投诉人核算工程量和工资是其作为项目负责人的职责，应属职务行为，其行为后果应由某工程建设公司承担。

针对第二个焦点，某工程建设公司作为该工程直接招用劳动者的分包企业，应当与劳动者先签订劳动合同后再进场施工。按照要求实行实名制管理，建立劳动计酬手册，记录施工现场作业劳动者的身份信息、劳动考勤、工资结算等信息。其不能提供上述规定的劳动用工资料，即未提供应支付投诉劳动者工资数额的计算依据和过程，应承担其管理不到位及举证不能的责任，应当对所招用劳动者杜某等22人的工资支付负直接清偿责任。

至于某工程建设公司辩称应当按照工程合同预算价核算应付工资，因工程合同签订双方为中交某航局和某工程建设公司，双方合意的价款当然地约束合同相对人，但劳动者作为第三方，适用该价款则超出了合同相对性，没有法律依据。故此，某市人社局采纳投诉人提供的某工程建设公司委派至工程现场的负责人聂某签字的《工程清算单》《承诺书》上的金额40.78万元为某工程建设公司拖欠工资的金额。

（二）法律适用

《国务院办公厅关于全面治理拖欠农民工工资问题的意见》规定，分包企业对所招用劳动者的工资支付负直接责任。招用劳动者的企业承担直接清偿拖欠劳动者工资的主体责任。本案中，某工程建设公司作为该项目的分包单位，对劳动者工资支付工作承担直接责任。

该意见还规定："在工程建设领域，坚持施工企业与劳动者先签订劳动合同后进场施工，全面实行劳动者实名制管理制度，建立劳动计酬手册，记录施工现场作业劳动者的身份信息、劳动考勤、工资结算等信息……施工总承包企业和分包企业应将经劳动者本人签字确认的工资支付书面记录保存两年以上备查。”某工程建设公司作为该项目的分包单位，应对项目招用的劳动者进行日常工作的用工管理，留存各项用工资料备查。该单位未能按照要求提供上述用工资料，即证明其用工管理不到位，不能就其主张提供证明材料。故本案以投诉人主张的欠薪金额为准。

作为直接招用劳动者的用工单位，某工程建设公司虽未与劳动者签订劳动合同，但已建立劳动关系。根据《中华人民共和国劳动合同法》第八十五条和《劳动保障监察条例》第二十六条规定，对该单位作出限期支付的行政决定。

（三）示范点

该案中，欠薪数额的认定是主要难点。某工程建设公司为了说明欠薪数额，提出了两点辩解意见：第一，工程单价按照其与施工总承包单位签订的合同价格进行计算。第二，认为《承诺书》的签订显失公平和存在重大误解，应予撤销。

办案人员在充分了解了双方的主张后，并没有孤立地看待这个问题，而是严格把握“谁主张，谁举证”的原则，审查某工程建设公司提交的证据材料。首先，某工程建设公司应当和劳动者约定工程的单价后再行用工，其没有约定。在工程结束后，双方应进行清算，计算工程量和单价，得出应当支付的工资总额。该部分已由《工程清算单》《承诺书》进行证实。此外，某工程建设公司提出异议后，仍可以提交双方在施工过程中的计酬手册来说明其主张，其没有提供。且其提出的《承诺书》存在显示公平和重大误解问题，应请求人民法院或者仲裁机构予以撤销。其提出主张后，亦没有提交人民法院或者仲裁机构确认撤销的证据。综上，办案人员以投诉人主张为欠薪数额的认定是比较全面和客观的。

（选送单位：新疆生产建设兵团司法局）

20

某房地产开发企业违规销售案

基本案情

2018 年 6 月起，某市部分群众陆续通过多个投诉举报途径，向该市有关领导及行政主管部门反映该市某小区底层绿地花园和楼顶天台存在大量乱搭乱建的建（构）筑物，严重影响小区形象和居住品质，致使小区存在安全隐患。该市有关行政主管部门收到线索后，立即依法对上述问题进行查办。随着案件调查深入展开，违法建设的建（构）筑物被依法拆除，“案中案”逐渐浮现。

小区部分违建业主表示，在购买该小区商品房屋过程中，置业顾问向购房者告知底层绿地花园、楼顶天台属于底层、顶层业主，底层、顶层业主有权进行搭建改造，因此在小区交付使用后，部分业主才将底层绿地花园、楼顶天台等属于自己“合法产权”的物业部位进行“装饰装修”。

在掌握有关证据线索后，2019 年 3 月，该市城市管理行政执法部门（以下简称执法部门）以在商品房销售过程中涉嫌擅自处分属于业主的物业共用部分为由，对某房地产开发企业立案调查。经现场勘验、调查询问、书面取证、案审会集体讨论、法制审核，执法部门向该房地产开发企业作出并送达《建设行政处罚告知书》。法定期限内该房地产开发企业未提出陈述、申辩并放弃听证权利，执法部门遂依法作出《建设行政处罚决定书》并现场送达该房地产开发企业。

处理结果

执法部门作出的《建设行政处罚决定书》，认定该房地产开发企业存在擅自处分属于业主的物业共用部位的违法行为，上述行为违反了《物业管理条例》第二十七条的规定，依据《物业管理条例》第五十七条的规定，决定对该房地产开发企业处以20万元罚款的行政处罚。

该房地产开发企业不服行政处罚决定，向某省住房和城乡建设厅申请行政复议。经审查，该省住房和城乡建设厅认为本案事实认定清楚，证据确凿，复议决定维持本案《建设行政处罚决定书》。该房地产开发企业未再提起行政诉讼，执行了本案行政处罚决定。

案件解析

（一）案情分析

本案争议焦点在于执法部门认定的事实是否清楚。

该房地产开发企业自称从未将底层绿地花园和楼顶天台进行出售或处分；该楼盘所有楼层的购房合同及补充协议模板都是一致的，属于格式条款；相关楼层售价基本一致；对部分业主利用共有部位修建建（构）筑物的违法行为，房地产开发企业进行了阻拦。

执法部门通过现场勘验并取得涉案小区规划总平面图、《商品房买卖合同》及补充协议等证据，证实底层绿地花园、楼顶天台等有关区域属于业主的物业共用部位；取得部分业主询问笔录及小区房屋价格备案登记表等证据，证实涉案底层、顶层房屋价格高于同楼栋同户型中间楼层房屋价格。经反复查阅有关资料并进行比对，发现涉案《商品房买卖合同》补充协议中存在关键证据，《商品房买卖合同》补充协议第十二条第（一）项约定“买受人对其他购买附带底层或顶层庭院、花园、屋面、露台、地下室、阁楼、设备间、平台、架空层等的商品房的业主拥有相应上述部分专有使用权没有任何异议并不主张任何权利，买受人不可撤销地放弃对其他购买人附带的上述部分的所有权利。对于合同所称附带享有单独使用权的部分（如商业楼栋、楼层走廊部分区域由出卖人指定的买受人单独使用），买受人明知该部分可能属于共有共用范围，但在此同意做出相关约定包括：其附带单独使用的部分可以是依据建筑形态自然区分而形成，也可以是经区隔后或约定后形成，具体以出卖人对给买受人的指定对应区域为准，其他买受人不得占用，且不可撤销地放弃对此的使用、占有、收益的权利”，第（五）项约定“出卖人对未享有单独使用权空间权利的业主，在销售定价时已经纳入考虑因素，其他未享有单独使用权空间权利的业主，不得以任何理由向出卖人或物业服务公司或享有单独使用权的业主主张费用补偿、利益转移等任何权利”。该协议约定违法设置“单独使用权”，剥夺“未享有单独使用权空间权利”业主对属于物业共有部分的权利。

综合上述证据，足以认定该房地产开发企业存在擅自处分属于业主的物业共用部位的违法行为。

（二）法律适用

《物业管理条例》第二十七条规定：“业主依法享有的物业共用部位、共用设施设备的所有权或者使用权，建设单位不得擅自处分。”第五十七条规定：“违反本条例的规定，建设单位擅自处分属于业主的物业共用部位、共用设施设备的所有权或者使用权的，由县级以上地方人民政府房地产行政主管部门处 5 万元以上 20 万元以下的罚款；给业主造成损失的，依法承担赔偿责任。”

房地产开发企业违规销售、处分涉案小区底层绿地花园、楼顶天台的行为，造成部分业主误认为对该物业共有区域享有“独立使用权”、自建建（构）筑物具备“排他性”和“合法性”，从而导致该小区违建现象普遍，造成严重社会负面影响；该房地产开发企业违规销售小区多处底层绿地花园、楼顶天台，对他人合法权益造成严重损害，致使该小区投诉举报众多，影响社会稳定。因此，执法部门认定本案具有从重处罚情节，依据上述行政法规规定，作出了最高限值罚款幅度（20 万元）的行政处罚。

（三）示范点

在查处此类案件时，因违法行为隐蔽性较强，房地产开发企业（建设单位）往往消极对待、以各种理由拒不配合执法部门开展相关调查工作，调查取证十分困难，难以认定违法事实；同时建设单位具备专业的法律服务团队，执法部门必须严格依法执法，否则败诉风险极高。

因此，证据链是否形成闭环是此类案件的核心点。本案完成案件查办并最终执行处罚决定，其案件调查取证、证据固定环节尤为关键，具有较强的示范意义。执法部门通过大量走访摸排涉案区域及其业主、比对甄别合同条款，以现场勘验笔录及影像资料、小区规划总平面图纸、《商品房买卖合同》及补充协议等形成固定有关区域属于业主物业共用部位的书面证据，以部分业主询问笔录、小区房屋价格备案登记表等形成固定涉案底层、顶层房屋价格畸高的书面证据，以《商品房买卖合同》补充协议中部分条款的规定形成固定建设单位违法处置物业共用部位“单独使用权”的书面证据，大量证据环环相扣，形成了闭合证据链条。

实践中，有的购房合同条款设置具有更为复杂的“隐蔽性”，甚至没有出售、处置物业共用部位的具体表述，执法部门在无法掌握直接性证据的情形下，可进一步调查建设单位与业主间是否存在“阴阳合同”，并从同楼栋同户型不同楼层房屋价格入手展开调查。此类案件中，通常建设单位销售的底层、顶层房屋价格明显高于中间楼层房屋价格（商住综合体等建筑物，部分高层住宅的中间楼层紧邻低层建筑的露台、天台，建设单位即以“合法使用”露台、天台为卖点，高价销售该中间楼层房屋），即便与其他楼层的备案合同价款基本一致，也可通过涉案业主向建设单位的单独汇款凭证等加以证实，再调取涉案业主、物业服务企业等提供的建设单位承诺“购房者享有物业共用部位、共用设施设备的所有权或者使用权”的有关证据。面对上述证据事实，如建设单位无法作出合理解释说明并提供相应证据佐证，执法部门则可以完成证据固定。

最后，对于建设单位擅自处分多处物业共用部位所有权或使用权的违法行为，是给予一次还是多次罚款的行政处罚，行政执法中存有争议。笔者认为，在《物业管理条例》等法律法规未作明确规定的情况下，应执行《行政处罚法》第二十九条规定的“一事不再罚”原则，对当事人的同一违法行为，不得以同一事实和同一理由给予两次以上罚款的行政处罚。具体到本案，应以《商品房预售许可证》规定的销售区域作划分，对执法部门立案调查时发生的“建设单位销售、处分属于同一《商品房预售许可证》规定区域内的多处物业共用部位”行为，总体认定为一个违法行为，并视违法行为情节轻重，结合行政处罚裁量标准，在法律规定范围内给予相应幅度的行政处罚。

（选送单位：住房和城乡建设部法规司）

21

某水务公司篡改自动监测数据排放水污染物案

基本案情

某水务公司为生态环境部门确定的重点排污单位，按法律规定安装了污染源自动监测设备。2018 年 7 月 25 日，某省生态环境局执法人员在现场复核该公司环境信用评价等级时，突击检查其废水自动监测设备。发现化学需氧量自动监测设备校正因子参数、修正值参数和氨氮自动监测设备校正因子参数与正常值不符。执法人员现场通过该自动监测设备对已知污染物浓度的质控样进行比对监测，发现该自动监测设备监测出的化学需氧量、氨氮浓度分别约为质控样实际浓度的 13%、40%。该公司涉嫌篡改自动监测数据。

经生态环境部门、公安机关立案调查，发现自 2016 年 3 月以来，该公司生产部经理阮某多次在该公司污染物排放浓度的自动监测数据与实验室手工监测数据不符、超出允许误差，或者自动监测数据偏高时，通过修改自动监测设备参数，以保证自动监测数据达标。

处理结果

2018 年 7 月 25 日，某省生态环境局向某水务公司所在的生态环境局交办案件，并第一时间查封自动监测设备。生态环境局依法予以立案，并及时开展调查取证，召开案件审查会进行集体审议，于7月31日向该公司下达《行政处罚事先（听证）告知书》，并以涉嫌刑事犯罪将该案移送公安机关处理。后该公司申请听证，生态环境局依法组织了听证会，充分听取企业意见，并再次召开案件审查会进行集体审议，于8月29日向该公司下达《行政处罚决定书》，决定罚款70万元；因该公司拒绝签收决定书，执法人员采取在送达回执上签字并拍照取证的方式予以留置送达。该公司现已履行上述处罚决定。

公安机关依法对本案进行了立案侦查，并移送检察机关审查起诉。2020年6月28日，人民法院判决阮某犯破坏计算机信息系统罪，判处拘役4个月，缓刑6个月。

案件解析

（一）案情分析

本案是某省重点排污单位因修改自动监测设备参数，篡改自动监测数据，被追究刑事责任的第一案。认定本案违法事实，依法追究相关责任人员的责任，有三个关键点。

1. 确定违法主体为重点排污单位。《中华人民共和国水污染防治法》（以下简称《水污染防治法》）第二十三条规定，重点排污单位还应当安装水污染物排放自动监测设备，与环境保护主管部门的监控设备联网，并保证监测设备正常运行……应当安装水污染物排放自动监测设备的重点排污单位名录，由设区的市级以上地方人民政府环境保护主管部门根据本行政区域的环境容量、重点水污染物排放总量控制指标的要求以及排污单位排放水污染物的种类、数量和浓度等因素，商同级有关部门确定。本案中，某水务公司为市级生态环境部门依法确定的重点排污单位，依法应当安装水污染物排放自动监测设备，并保证监测设备正常运行。

2. 认定篡改自动监测数据的违法事实。本案中，执法人员现场检查发现该公司化学需氧量自动监测设备中校正因子参数从正常值1.0改为0.05，修正值参数从正常值0改为21.0；氨氮自动监测设备中校正因子参数从正常值1.0改为0.35。执法人员现场使用化学需氧量浓度为224±8mg/L、氨氮浓度为32.2±1.6mg/L的质控样进行比对，该自动监测设备监测结果显示，质控样中化学需氧量和氨氮浓度分别为31.2mg/L、12.8mg/L，分别约为实际污染物浓度的13%、40%。

3. 确定企业相关责任人及其主观故意。本案查处过程中，生态环境部门、公安机关密切配合，通过现场细致检查（勘察），对相关当事人进行充分调查询问，制作现场检查（勘察）笔录、调查询问笔录，并调取自动监测设备使用说明书、当事人有关聊天记录、已上传至生态环境部门监控平台的历史监测数据等证据，认定2016年3月至2017年10月，阮某于某县污水处理厂（某水务公司前身，2017年10月变更为现名称）工作期间，当自动监测数据与实验室手工监测数据不符，超出允许误差，或自动监测数据偏高时，多次违规修改自动监测设备参数，以保证自动监测数据达标；2017年11月，阮某在某水务公司工作期间，因前述同样原因，再次违规对自动监测设备参数进行修改，直至案发。

（二）法律适用

1. 篡改自动监测数据的事实认定。根据原环境保护部《环境监测数据弄虚作假行为判定及处理办法》（以下简称《办法》）第四条第（八）项的规定“故意改动、干扰仪器设备的环境条件或运行状态或者删除、修改、增加、干扰监测设备中存储、处理、传输的数据和应用程序，或者人为使用试剂、标样干扰仪器的”，该公司阮某多次修改自动监测设备系统参数的行为，符合《办法》规定情形。

2. 行政处罚的依据。该公司篡改COD、氨氮在线自动监测设备参数的行为违反了《水污染防治法》第三十九条“禁止利用渗井、渗坑、裂隙、溶洞，私设暗管，篡改、伪造监测数据，或者不正常运行水污染防治设施等逃避监管的方式排放水污染物”的规定。依据《水污染防治法》第八十三条“违反本法规定，有下列行为之一的，由县级以上人民政府环境保护主管部门责令改正或者责令限制生产、停产整治，并处十万元以上一百万元以下的罚款；情节严重的，报经有批准权的人民政府批准，责令停业、关闭……；（三）利用渗井、渗坑、裂隙、溶洞，私设暗管，篡改、伪造监测数据，或者不正常运行水污染防治设施等逃避监管的方式排放水污染物”的规定，并根据该案违法情节，结合自由裁量权相关规定，生态环境局对该公司予以罚款70万元的行政处罚。

3. 破坏计算机信息系统罪的认定。《最高人民法院、最高人民检察院关于办理环境污染刑事案件适用法律若干问题的解释》第一条规定：“实施刑法第三百三十八条规定的行为，具有下列情形之一的，应当认定为‘严重污染环境’：……；（七）重点排污单位篡改、伪造自动监测数据或者干扰自动监测设施，排放化学需氧量、氨氮、二氧化硫、氮氧化物等污染物的……”第十条第一款规定：“违反国家规定，针对环境质量监测系统实施下列行为，或者强令、指使、授意他人实施下列行为的，应当依照刑法第二百八十六条的规定，以破坏计算机信息系统罪论处：（一）修改参数或者监测数据的；……”第十条第二款规定：“重点排污单位篡改、伪造自动监测数据或者干扰自动监测设施，排放化学需氧量、氨氮、二氧化硫、氮氧化物等污染物，同时构成污染环境罪和破坏计算机信息系统罪的，依照处罚较重的规定定罪处罚。”阮某修改化学需氧量、氨氮自动监测设备参数，排放化学需氧量、氨氮等污染物的行为，同时构成污染环境罪和破坏计算机信息系统罪，应当移交公安机关立案侦查，依法追究刑事责任。

（三）示范点

1. 及时、全面、规范开展调查取证。重点排污单位篡改、伪造自动监测数据，涉嫌刑事犯罪，证据易灭失，相关责任人易出现串供、不配合调查、隐瞒真相，以及通过各种途径找人说情的情况。本案中，执法人员检查发现企业违法行为后，第一时间开展调查，分组连夜突击询问相关责任人员，查封涉案自动监测设备，调取自动监测设备说明书，制作现场检查（勘察）笔录，并采取拍照、录像等手段固定证据，完善证据链条。行政执法过程中制作、收集的检查（勘察）笔录、调查询问笔录、生态环境部门和有资质的第三方检测机构出具的监测报告、已上传至生态环境部门监控平台的历史监测数据、现场检查照片、当事人有关聊天记录等证据材料均被司法机关直接采信。

2. 严格规范行政执法程序，及时开展司法联动。生态环境局严格落实行政执法公示制度、执法全过程记录制度、重大执法决定法制审核制度。在本案查处过程中，严格按程序下达《行政处罚事先（听证）告知书》，告知当事人陈述申辩和听证权利，企业申请听证后，按规定组织召开听证会，充分听取企业意见；规范现场检查、调查询问和案件审议等记录；两次召开案件审查会进行集体审议，依法作出行政处罚决定。在企业负责人拒绝签收处罚决定书时，采取在送达回执中规范备注并拍照取证的方式，完成留置送达。因上述环境违法行为涉嫌刑事犯罪，第一时间将案件移送公安机关，并积极配合公安机关及时查清犯罪嫌疑人的犯罪时间、地点、经过、动机和结果，形成完整的证据链条。

（选送单位：湖北省司法厅）

22

快递公司网络刷单系列案

基本案情

2018 年 5 月，某市某区市场监督管理局在对 A 公司进行网络巡查时，发现该公司通过自设网站某网出售多家快递公司的快递单号，价格在 1 元至 2 元不等。如此低廉的价格是否能提供真实的物流服务呢？

经查，自 2017 年起，B 物流公司、C 速运有限公司、D 快递公司等多家快递公司通过下属分公司网点私下对外销售未提供实际承运业务的虚假快递单号，并在其官网显示上述单号的虚假物流流转信息，从而导致上述单号流入空包销售平台“某网”；A 公司则通过“某网”平台招揽网店经营者注册会员，向会员销售虚假快递单号，以此帮助网店经营者进行虚假宣传；而网店经营者购买虚假快递单号并录入第三方平台，以此虚增网店显示的销售数量，从而欺骗、误导消费者牟利。

本案历时一年多，某区市场监督管理局追根溯源、会同公安部门，最终查获“空包”公司 1 家、快递公司 4 家、刷单网店 2 家，涉及虚假快递单号 58 万余条，虚假快递单号的销售额达 100 余万元，涉案虚假订单金额达 4000 余万元。

处理结果

A 公司及 B 物流公司等快递公司的行为违反了《反不正当竞争法》第八条第二款的规定：“经营者不得通过组织虚假交易等方式，帮助其他经营者进行虚假或者引人误解的商业宣传。”

上述网店的行为违反了《反不正当竞争法》第八条第一款的规定：“经营者不得对其商品的性能、功能、质量、销售状况、用户评价、曾获荣誉等作虚假或者引人误解的商业宣传，欺骗、误导消费者。”［本案涉案网店刷单行为发生在 2018 年前，故适用《网络交易管理办法》（已失效）第十九条第（四）项］

根据《反不正当竞争法》第二十条的规定，某区市场监督管理局依法对涉案当事人进行处罚，累计罚款 214 万元。

案件解析

（一）案情分析

1. 借力行刑衔接，形成打击网络刷单合力

本案中 A 公司既向快递公司购买“空包”又向网店经营者销售“空包”，是系列案的关键“数据枢纽”，能否找到 A 公司的实际经营地址及服务器数据

成为本案的关键所在。

为确保案件的顺利查办，某区市场监督管理局联合公安部门成立专案组，精确锁定当事人的实际经营地及服务器地址，通过第三方司法鉴定机构抓取关键电子数据、厘清了涉案资金流水明细，将线下购买“空包”人员、线上“空包”销售平台及快递公司一网打尽，抓获涉案人员 7 名，终破获此案。本案在调查取证中充分运用行刑衔接机制破解了长期困扰行政执法部门的技术短板问题。

2. 精确研判各主体关系，防止以罚代刑

网络刷单涉及空包网、快递公司、网店和刷手等多个违法主体。在实际查办过程中，网络刷手与快递公司的数据资料一般均为电子数据，存在被修改、删除的风险，给固证带来挑战。

此外，刷单网店遍及全国，由于管辖权的限制，对全面打击刷单行为造成了一定影响，致使刷单案件形成证据链闭环存在一定难度。

根据《最高人民法院、最高人民检察院关于办理利用信息网络实施诽谤等刑事案件适用法律若干问题的解释》第七条“违反国家规定，以营利为目的，通过信息网络有偿提供删除信息服务，或者明知是虚假信息，通过信息网络有偿提供发布信息等服务，扰乱市场秩序，具有下列情形之一的，属于非法经营行为‘情节严重’，依照刑法第二百二十五条第（四）项的规定，以非法经营罪定罪处罚……”的规定，本案“空包”平台及销售空包人员均涉嫌“明知是虚假信息，通过信息网络有偿提供发布信息等服务，扰乱市场秩序”的行为。某区市场监督管理局以涉嫌构成非法经营罪为由将上述人员移送公安部门。现该案已一审判决，涉案人员均因非法经营罪获刑。

（二）法律适用

快递公司是否属于帮助其他经营者进行虚假或者引人误解的商业宣传？根据《反不正当竞争法》第八条，该条款规制的是帮助行为的组织者，并不包括普通参与者（如刷单平台的刷手、刷单平台技术人员等）。但“刷空包”确实可以使卖家赚信誉、快递公司赚钱，利用快递空包虚构交易量，制造虚假商业信用，本质上是为了协助电商卖家刷信用，是违背诚信的行为，必须加以规制。

本案需要对网络刷单行为进行整体评判，因为网络刷单行为本身就是完整的、不可割裂的整体。本案中快递公司明知虚假快递单号系用于网络刷单，仍帮助此类单号生成虚假的物流流转信息，为刷单行为提供了关键性的技术支持，帮助并助长了网络刷单行业的兴起，最终亦完成了虚假信息的发布。

根据《反不正当竞争法》第八条第二款的规定及某市 2019 年网剑行动方案的精神，某区市场监督管理局最终认定快递公司是网络刷单（组织虚假交易）中关键技术服务的提供者，是不可或缺的一部分，为网店经营者实施虚假宣传行为提供了实质性帮助，属于核心参与者，帮助了网店经营者进行虚假或者引人误解的商业宣传。

（三）示范点

1. 直击快递行业“潜规则”，肃清行业乱象。网络刷单已成为各大平台网店经营者提升信誉及销量的“潜规则”。以往查处的刷单案件往往针对的是刷单平台及网店经营者。本案执法人员从“空包”销售平台入手，找出数据背后隐藏的“黑手”，对网络刷单的快递公司“动刀”，从原来查办的单个刷单案件变成现在查办的窝案、串案，有效杜绝了快递公司“代发空包”、出售虚假快递单号的行为，打破了行业黑幕，让网络刷单行为无容身之地。

2. 引领示范，为规制刷单提供长效可借鉴的模式。本案通过对《反不正当竞争法》的深度剖析，将快递公司定性为网络刷单产业链的核心参与者，突破传统执法领域，对多家快递公司销售虚假快递单号进行查处，该案的成功查处对规制网络刷单具有里程碑式的意义，系该市首例对快递公司进行处罚的网络刷单系列案件，同时荣获 2020 年该市市场监督管理局“十佳案件”，并作为反不正当竞争典型案例向市人大、全国人大进行汇报，得到了充分肯定。

3. 教罚并举，规范电商市场乱象，保障消费者知情权。某区市场监督管理局执法人员在作出行政处罚后先后走访了多家快递公司，将执法中发现的问题与企业进行沟通，指导企业在日常工作中加强自律，提升企业及员工敬法、守法的意识；并积极对辖区内电商经营者、居民包括学生开展宣传教育工作，结合近年来的典型刷单案例，揭示刷单行为的危害性，提高公众知晓率。倡导电商经营者自觉抵制刷单，优化电商市场大环境，保障消费者的知情权。

（选送单位：上海市司法局）

23

某机动车辆检测有限公司污染环境行政处罚案

基本案情

根据中央第五生态环境保护督查组第十批第575号信访投诉件反映情况，“某机动车辆检测有限公司违规监测重型柴油机动车，环保检测时黑烟滚滚，环保检测结果合格，出具数据严重造假”。2019年7月23日至24日，某市生态环境局执法人员对该机动车辆检测有限公司进行了现场检查。根据投诉内容及《柴油车污染物排放限值及测量方法》（自由加速法及加载减速法）（GB3847－2018）相关规定，执法人员现场调取了该公司柴油车辆的检测报告明细，并依抽样规则按照10%的比例随机抽取了95台次柴油车检测报告，逐一对95台次的柴油车检测过程调取视频进行查看。经核实，该公司存在为排放有明显可见烟度的柴油车辆出具合格检测报告的违法行为。

处理结果

该公司违反了《大气污染防治法》第五十四条第一款之规定，办案单位执法人员依法在7个工作日内进行立案，下达《某市生态环境局责令改正违法行为决定书》要求立即整改，经审核后下达《某市生态环境局行政处罚事先（听证）告知书》，告知该公司享有陈述申辩权。某机动车辆检测有限公司向办案单位提交听证申请后，办案单位依法组织举行听证会，根据听证会情况，形成《某市生态环境局环境违法案件行政处罚听证会报告书》。最终经市局案件审核会会议审议决定后，依法在7日内向该公司送达《某市生态环境局行政处罚决定书》，依据《大气污染防治法》第一百一十二条第一款之规定，经某省行政处罚裁量辅助决策系统裁定，对该公司处以行政处罚：1. 没收违法所得48212.6元；2. 罚款388000元。

案件解析

（一）案情分析

根据信访投诉件反映情况以及2019年5月1日起正式实施的《柴油车污染物排放限值及测量方法》（自由加速法及加载减速法）（GB3847－2018）中“对车辆排放明显可见烟度则判定排放检验不合格的要求”等内容，执法人员现场调取了该公司2019年5月1日至7月23日的检测明细，经查，5月1日至7月23日某机动车辆检测有限公司共进行机动车环保检测5879台次，其中汽油车检测4923台次（占比83.7%），柴油车检测956台次（占比16.3%）。

根据群众反映的“重型柴油车检测时冒黑烟，检测结果合格”的问题，执法人员按照10%的比例依照抽样规则随机抽取了95台次柴油车检测报告，并逐一对95台次的柴油车检测过程调取视频进行查看。经核实，其中3台次无视频记录，其余92台次检测报告合格车辆中，无冒黑烟现象的为51台次（占比55.4%），有冒黑烟现象的为41台次（占比44.6%），确定该公司存在出具虚假《机动车排气污染物检测报告单》的违法行为。针对该违法行为，办案单位于2019年9月10日作出《某市生态环境局行政处罚决定书》，并于2019年9月16日送达该公司。

该公司不服处罚决定提出复议，某省生态环境厅于2019年12月5日作出

《某省生态环境厅行政复议决定书》，维持行政处罚决定。该公司不服复议决定，向某市铁路运输法院提起诉讼。2020 年 3 月 31 日，某市铁路运输法院作出驳回原告某机动车辆检测有限公司诉讼请求的判决。该公司不服一审判决，于 2020 年 4 月 14 日向某市铁路运输中级人民法院提起上诉。2020 年 6 月 29 日，某市铁路运输中级人民法院作出驳回上诉，维持原判的终审判决。2020 年 7 月 22 日，办案单位依法向人民法院申请强制执行。2020 年 8 月 28 日，人民法院作出准予执行行政处罚决定的裁定。2020 年 9 月 4 日，该公司将款项缴入某省非税收入财政汇缴户。

（二）法律适用

依据《柴油车污染物排放限值及测量方法》（自由加速法及加载减速法）（GB3847－2018）相关规定，该公司违反了《大气污染防治法》第五十四条第一款的规定："机动车排放检验机构应当依法通过计量认证，使用经依法检定合格的机动车排放检验设备，按照国务院生态环境主管部门制定的规范，对机动车进行排放检验，并与生态环境主管部门联网，实现检验数据实时共享。机动车排放检验机构及其负责人对检验数据的真实性和准确性负责。"依据《大气污染防治法》第一百一十二条第一款"违反本法规定，伪造机动车、非道路移动机械排放检验结果或者出具虚假排放检验报告的，由县级以上人民政府生态环境主管部门没收违法所得，并处十万元以上五十万元以下的罚款；情节严重的，由负责资质认定的部门取消其检验资格"的规定，对该公司进行行政处罚。

（三）示范点

1. 抽样取证是否有法律效力。某机动车辆检测有限公司 2019 年 5 月 1 日至 7 月 23 日，共进行机动车环保检测 5879 台次，其中汽油车检测 4923 台次（占比 83.7%），柴油车检测 956 台次（占比 16.3%），检测车辆数较多，且同时需要执法人员对照调阅每台车辆的现场检测视频，工作量巨大，在此情况下，办案单位执法人员依据《行政处罚法》第三十七条第二款[①]“行政机关在收集证据时，可以采取抽样取证的方法；在证据可能灭失或者以后难以取得的情况下，经行政机关负责人批准，可以先行登记保存，并应当在七日内及时作出处理决定，在此期间，当事人或者有关人员不得销毁或者转移证据”的规定，对某机动车辆检测有限公司柴油车检测台次按照10%的比例依照抽样规则随机抽取95台次进行了检测报告和检测视频的逐一核查。

2. 抽样规则的选用。由于系统抽样法简便易行，且当对总体结构有一定了解时，充分利用已有信息对总体单位进行排队后再抽样，可提高抽样效率，抽出的单位在总体中是均匀分布的，且抽取的样本可少于纯随机抽样，所以针对某机动车辆检测有限公司的956台次的检测报告，办案单位执法人员采用了系统抽样法进行抽样。先将所有检测报告编号，按照抽取10%的要求，样本容量为95，确定分段间隔k为10将总体分段，在第一段用简单随机抽样确定第一个个体编号，然后加上k为第二个个体，加上2k为第三个个体，以此类推得到所有95个样本。

（选送单位：甘肃省司法厅）

24

某铝业公司以逃避监管方式排放废乳化液案

基本案情

2019年7月31日，某市某区生态环境局接到群众举报，称“某工业园有

① 已修订为2021年《行政处罚法》第五十六条规定。第五十六条：“行政机关在收集证据时，可以采取抽样取证的方法；在证据可能灭失或者以后难以取得的情况下，经行政机关负责人批准，可以先行登记保存，并应当在七日内及时作出处理决定，在此期间，当事人或者有关人员不得销毁或者转移证据。”

大量白色污水通过雨水沟排入河流，污染河流水质”。环境执法人员和监测人员立即抵达现场进行实地踏勘。经查，河道内的白色污水系含乳化液的废水，执法人员高度怀疑有不法企业向外环境偷排废乳化液。执法人员顺着含有污染物的雨水沟进行逐一排查，发现某铝业公司的雨水沟内存在含油废水，通过查阅某区生态环境局对该公司雨水排口安装的视频监控和该公司内部视频监控，最终锁定了该公司以逃避监管方式向外环境偷排废乳化液的环境违法事实：2019 年 7 月 30 日 20 时 35 分至 22 时 25 分，该公司调度员杨某在公司生产部经理凌某的授意下，在明知公司冷轧池中含有废冷轧油、废乳化液等有毒废水且不能外排的前提下用隐藏在精馏工艺池子内的抽水泵及 3 厘米的塑料软管，违法向雨水沟排放废乳化液（属于 HW09 类危险废物）与油水混合液约 6.06 吨，对下游河流、溪水内水体造成了污染。

处理结果

2019 年 7 月 31 日，某区生态环境局对某铝业公司涉嫌以逃避监管方式排放废乳化液的环境违法行为予以立案，并对造成污染物排放的设施设备实施了现场查封。同时，依法将该公司涉嫌环境污染犯罪的有关证据移送公安机关。

2019 年 11 月 11 日，人民法院判决某铝业公司生产部经理凌某犯污染环境罪，判处拘役 4 个月，并处以罚金人民币 1 万元。

2019 年 11 月 28 日，某区生态环境局按照《中共某市委办公厅、某市人民政府办公厅关于印发〈某市生态环境损害赔偿制度改革实施方案〉的通知》的有关要求，启动某铝业公司废乳化液与油水混合液污染环境案件生态环境损害赔偿事宜。某区生态环境局作为赔偿权利人委托某市环境工程评估中心对生态环境损害情况进行了评估，并联合该区人民检察院与赔偿义务人某铝业公司按程序进行磋商，签订了生态环境损害赔偿协议。最终认定某铝业公司依法应承担的生态环境损害赔偿金额为 369289 元。

案件解析

（一）案情分析

1. 关于以逃避监管方式排放污染物的事实。以逃避监管方式排放污染物的环境违法行为通常具有一定的隐蔽性，较难发现。本案中，某区生态环境局派出多组执法人员对受污染河道向上溯源，并结合大数据资源，通过查阅和比对某铝业公司雨水排口视频监控和该公司内部的视频监控等方式，才最终锁定该公司以逃避监管方式偷排废乳化液的环境违法行为。

2. 关于逃避监管排污的主观故意。本案中，某铝业公司生产部经理凌某在明知公司冷轧池中含有废冷轧油、废乳化液等有毒废水且不能外排的前提下，授意当值调度员杨某采用隐藏在精馏工艺池子内的抽水泵及塑料软管，直接将池子内的废乳化液抽到雨水沟排向园区雨水管网，进入河流。一是所采取的排放方式有较强的隐蔽性；二是违法目的明确，即为减少废乳化液的处置费用；三是事后杨某使用消防水对排放的污染物及管沟进行了冲洗稀释以掩盖违法事实。上述行为证明相关责任人具有明显的逃避监管的主观故意。

3. 关于生态环境损害的事实。某区生态环境局在 2019 年 7 月 30 日发现某铝业公司涉嫌环境违法行为后，组织监测人员于 7 月 31 日对该公司下游水体进行采样监测，结果显示：某村小河沟监测断面于 12：30 时，化学需氧量、氨氮、石油类浓度分别超环境基线 5.6 倍、0.15 倍、0.20 倍；某滩监测断面于 10：40、16：42 时，化学需氧量浓度分别超环境基线 3.65 倍、2.9 倍；某河入溪前监测断面于 11：00、17：00 时，化学需氧量浓度分别超环境基线 3.35 倍、3.95 倍；某桥监测断面于 11：00、17：20 时，化学需氧量浓度分别超环境基线 0.9 倍、0.35 倍。

（二）法律适用

某铝业公司以逃避监管方式排放废乳化液的行为违反了《水污染防治法》第三十九条“禁止利用渗井、渗坑、裂隙、溶洞，私设暗管，篡改、伪造监测数据，或者不正常运行水污染防治设施等逃避监管的方式排放水污染物”

的规定，某区生态环境局依法予以立案。

依据《中华人民共和国环境保护法》（以下简称《环境保护法》）第二十五条“企业事业单位和其他生产经营者违反法律法规规定排放污染物，造成或者可能造成严重污染的，县级以上人民政府环境保护主管部门和其他负有环境保护监督管理职责的部门，可以查封、扣押造成污染物排放的设施、设备”的规定，为防止证据灭失，防止违法行为再次发生，某区生态环境局对造成污染物排放的设施设备实施了现场查封。

《最高人民法院、最高人民检察院关于办理环境污染刑事案件适用法律若干问题的解释》第一条规定：“实施刑法第三百三十八条规定的行为，具有下列情形之一的，应当认定为‘严重污染环境’：……（五）通过暗管、渗井、渗坑、裂隙、溶洞、灌注等逃避监管的方式排放、倾倒、处置有放射性的废物、含传染病病原体的废物、有毒物质的；……”第十五条规定：“下列物质应当认定为刑法第三百三十八条规定的‘有毒物质’：（一）危险废物，是指列入国家危险废物名录，或者根据国家规定的危险废物鉴别标准和鉴别方法认定的，具有危险特性的废物；……”某铝业公司以逃避监管方式排放废乳化液（属于 HW09 类危险废物）的行为，涉嫌构成环境污染犯罪。某区生态环境局依法将其移送公安机关。

（三）示范点

1. 充分运用大数据资源溯源环境违法行为。为证明该公司以逃避监管方式偷排废乳化液环境违法行为，某区生态环境局执法人员除了现场实地勘查，还查阅和比对该区生态环境局对该公司雨水排口视频监控和该公司内部的视频监控，以证明该公司以逃避监管方式偷排废乳化液的事实，使证据之间环环相扣，形成闭合的证据链。

2. 加强执法与监测联动，密切行政执法与刑事司法衔接。在本案办理过程中，某区生态环境局执法部门和监测部门同时出动，同步开展执法调查和监测取证工作，强化协调联动；严格落实“行政 + 司法”联勤联动机制，发现案件立即向区人民检察院和公安局通报。按照各自职责分工，生态环境部门和公安机关依法及时启动相应调查程序，密切协作，防止证据灭失，人民检察院全程实施法律监督并提出意见和建议。

3. 综合运用环保法配套办法，落实生态损害赔偿制度。本案中，某区生态环境局严格落实《环境保护法》及其配套办法的规定，将法律赋予生态环境部门的监管权力和手段落到实处，对造成污染物排放的设施设备及时进行查封扣押，有效制止污染物进一步排放；积极探索实施生态损害赔偿制度，对违法行为造成的环境损害，按规定程序开展生态损害赔偿，体现了环境有价、损害担责的原则。

（选送单位：生态环境部生态环境执法局）

25

某科技有限公司违法排放水污染物案

基本案情

接群众投诉，某市生态环境局执法人员于2019年1月22日、1月23日对某科技有限公司进行了调查，发现该公司利用软管往终沉池加注自来水，对废水进行稀释后排放（稀释排放的废水中含有水污染物）。该市环境监测站监测人员在该公司总排口处取样。监测结果显示：该公司总排口排放的水污染物浓度超过了《污水综合排放标准》（GB8978－1996）一级标准。

处理结果

某市生态环境局对该公司涉嫌稀释排放废水的行为进行立案，并对案发现场进行了勘查取证，对当事人进行了询问调查。经调查核实，证实当事人以逃避监管的方式违法排放水污染物的行为事实清楚，证据确凿。该市生态环境局依据《水污染防治法》第八十三条第（三）项之规定，依法作出责令停产整治决定，并下达了《行政处罚决定书》。同时，依据《行政主管部门移送适用行政拘留环境违法案件暂行办法》第六条第（三）项之规定，将案件移送公安机关适用行政拘留。

案件解析

（一）案情分析

1. 现场检查（勘察）笔录和调查询问笔录记录规范。翔实记录执法过程，为证明违法事实提供了有力支撑。某市环境监察支队执法人员对该公司现场执法检查时共形成1份现场检查（勘察）笔录和3份调查询问笔录，每一份现场检查（勘察）笔录和调查询问笔录中记录都十分翔实。现场检查（勘察）笔录详细记录了该公司现场检查时的生产状况、建设项目环评情况、污水处理工艺、发现的违法事实及现场取样情况。3份调查询问笔录中询问的问题都比较明确、具体和仔细，询问的问题及当事人的回复有力证明了该公司利用软管往终沉池加注自来水的行为并非偶然，且主观上是故意的，其是为了使得公司排放废水能符合污水处理厂的纳管标准，实际排放的水污染物浓度也超过了《污水综合排放标准》（GB8978－1996）一级标准，为违法事实的认定提供了有力证据支撑。

2. 取样和监测规范。执法人员在现场取样时，形成了现场照片和废水采样原始记录表。废水采样原始记录中明确记载了采样点、时间、人员、采集样品名称、数量等信息。2019年1月30日，该市环境监测站出具的监测报告监测结果显示，该公司总排口排放的水污染物浓度超过了《污水综合排放标准》（GB8978－1996）一级标准。监测报告的形式和内容及具体监测方法、仪器等都符合规范，案卷中还附上该市环境监测站的资质认定证书及采样、监测人员的资质认定文件，取样和监测过程都较为规范。

3. 违法事实认定清楚、正确。该案当事人的违法行为是在终沉池加自来水稀释废水，依据《行政主管部门移送适用行政拘留环境违法案件暂行办法》

第六条第（三）项“稀释排放的污染物故意干扰监测数据的”的规定，当事人在终沉池加自来水稀释废水的行为客观上造成了干扰手工监测仪器设备获得真实、准确数据的后果，因此该市生态环境局将当事人违法行为认定为以逃避监管的方式违法排放水污染物是准确且合法合理的。

（二）法律适用

该公司以逃避监管的方式违法排放水污染物的行为违反了《环境保护法》第四十二条第四款“严禁通过暗管、渗井、渗坑、灌注或者篡改、伪造监测数据，或者不正常运行防治污染设施等逃避监管的方式违法排放污染物”和《水污染防治法》第三十九条“禁止利用渗井、渗坑、裂隙、溶洞，私设暗管，篡改、伪造监测数据，或者不正常运行水污染防治设施等逃避监管的方式排放水污染物”的规定。

该市生态环境局依据《水污染防治法》第八十三条第（三）项“利用渗井、渗坑、裂隙、溶洞，私设暗管，篡改、伪造监测数据，或者不正常运行水污染防治设施等逃避监管的方式排放水污染物的”规定，责令该公司停产整治，并处以罚款人民币 30 万元。

该市生态环境局依据《环境保护法》第六十三条第（三）项“通过暗管、渗井、渗坑、灌注或者篡改、伪造监测数据，或者不正常运行防治污染设施等逃避监管的方式违法排放污染物的”和《行政主管部门移送适用行政拘留环境违法案件暂行办法》第六条第（三）项“稀释排放的污染物故意干扰监测数据的”的规定，将案件移送公安机关，对相关责任人员予以行政拘留。

（三）示范点

1. 行政处罚裁量适当。某市生态环境局接到村民投诉后，分三组对该公司进行排查，发现该公司在终沉池加自来水稀释废水的行为不是该公司的偶然行为，而是该公司主观上知道直接排放不能达到园区污水处理厂的要求，为了做到达标排放而故意在终沉池添加自来水，客观上造成了干扰手工监测仪器设备获得真实、准确数据的后果。考虑到该公司曾因某建设项目而被该市生态环境局处罚过，但在环保高压态势下仍然顶风作案，因此对该公司作出行政处罚裁量处以30万元罚款的处罚。该市生态环境局在接到群众投诉举报后反应及时，作出处罚的裁量适当。

2. 执法程序规范，执法手段丰富、案卷制作规范。该案执法人员执法程序规范，严格按照立案、调查取证、事先告知、审查决定、送达和执行等法定程序依次进行，依法告知当事人的陈述、申辩和听证的权利，充分保障当事人的合法权益。此外，本案作为重大案件进行了集体讨论，作出的处罚决定合法合理，执法程序手续完备，每个步骤都严谨规范，每个环节、每道手续均有相应责任人员签字认可。另外，该案综合运用了罚款、责令停产整治、移送行政拘留等执法手段，也体现出执法人员充分利用丰富的执法手段对当事人的违法行为作出有效处罚和威慑。

3. 取证专业性水平较高。以逃避监管形式违法排放水污染物的形式多样，因此需要执法人员准确认定当事人的违法行为是否属于法定的逃避监管的形式，对执法人员调查取证环节要求较高。该案中，执法人员能充分取证，准确认定当事人通过稀释的方式排放水污染物属于法定的以逃避监管的方式违法排放水污染物的违法事实，具有一定的示范意义。

（选送单位：湖北省司法厅）

（三）处罚问题疑难处理

26

某供热公司使用流量积算仪伪造数据案

基本案情

2019～2020年供暖季，某供热公司向某小区换热站供热过程中，某小区换热站内流量积算仪设置的模拟流量量程（320/h）与配套的电磁流量计量程（180/h）不一致，导致流量积算仪计算出的供热量比实际供热量超出77.78%；某供热公司应收供热费858852.01元，实收供热费1041864.63元，给某小区换热站管理单位造成损失183012.62元。

处理结果

某供热公司的上述行为属于使用流量积算仪伪造数据的违法行为，违反了《中华人民共和国计量法实施细则》（以下简称《计量法实施细则》）第四十六条的规定，某市市场监管局依法责令其赔偿消费者损失183012.62元，并给予其以下行政处罚：1. 没收违法所得183012.62元；2. 罚款1900.00元。罚没款合计184912.62元。目前，该案的行政处罚决定已履行完毕并已结案。

本案对执法人员的专业业务知识、法律知识素养要求较高，开拓了市场监管执法办案新领域，有效破除了供热计量领域“作弊”侥幸心理，严厉打击了直接关系人民群众切身利益的民生计量违法行为，认真践行了“保民生、促发展”的执法理念。

案件解析

（一）案情分析

在做好依法取证的前提下，本次执法办案抓实、抓细计量偏差、违法行为、违法时间、违法所得4项认定，使严谨务实的工作作风转化为办理案件的高质量、高成效。

1. 计量偏差认定

本案中，某小区换热站属于“社会站”，某供热公司通过进水管道向某小区换热站供应高温热水，然后通过回水管道将经某小区换热站换热后的低温水回收，某供热公司根据流量积算仪计算出的供热量与某小区换热站的管理单位进行供热费结算。

流量积算仪采集电磁流量计、进水铂电阻和回水铂电阻输出的信号进行供热量计算。本案电磁流量计量程是 $180m^3/h$，对应输出（4mA～20mA）的电流信号，且输出的电流信号与量程呈线性对应关系。流量积算仪使用前，需根据与之配套的计量器具进行正确的参数设置，在其它参数设置正确的情况下，若设置的模拟流量量程为 $320m^3/h$，而配套电磁流量计的实际量程为 $180m^3/h$，则根据流量积算仪计算公式：瞬时流量 $= F_{max} \times (I-4)/16$（$F_{max}$ 代表流量积算仪设置的模拟流量量程，I 代表电磁流量计输出的模拟电流），流量积算仪计算出的供热量比实际供热量多 77.78%。

2. 伪造数据认定

《计量违法行为处罚细则》第三十条第一款第（一）项规定："伪造数据是指单位或个人使用合格的计量器具，进行不诚实的测量，出具虚假数据或者定量包装商品实际量与标注量不符的违法行为。"

涉案计量器具经检定或校准符合检定规程要求，但因流量积算仪的参数设置不准确，导致计算出的供热量比实际供热量高出 77.78%。虽某供热公司未承认其故意设置不准确参数，但其对涉案流量积算仪和电磁流量计具有实际控制使用权，应当具备流量积算仪参数设置等相关计量专业知识的能力，且给消费者造成了损失，故本案认定某供热公司存在伪造数据的违法行为。

3. 持续时间认定

违法行为的持续时间应认定为 2019～2020 年供暖季。理由是，涉案流量积算仪于 2019 年停暖季进行了返厂维护，返厂维护期间，涉案流量积算仪不受某供热公司和用热单位控制，且执法人员未取得 2014～2015 年供暖季开始至 2018～2019 年供暖季结束，涉案流量积算仪参数设置不正确的直接证据。另外，用热缴费的模式是预付费模式，某供热公司在用热单位预缴纳的 1041864.63 元供热费扣完后，未因用热单位未补缴供热费而停止供热，供热过程持续了整个 2019～2020 年供暖季。

4. 违法所得认定

因违法行为持续时间为 2019～2020 年供暖季，违法所得应按照整个供暖季给消费者造成的损失计算。某供热公司应收取供热费：居民用热 755025.25

元，非居民用热 103826.76 元，合计 858852.01 元。某供热公司已收取供热费 1041864.63 元。违法所得 183012.62 元。

（二）法律适用

某供热公司使用流量积算仪伪造数据的违法行为，违反了《计量法实施细则》第四十六条“使用不合格计量器具或者破坏计量器具准确度和伪造数据，给国家和消费者造成损失的，责令其赔偿损失，没收计量器具和全部违法所得，可并处 2000 元以下的罚款”的规定，应依据《计量法实施细则》第四十六条并参照《某省市场监督管理行政处罚裁量基准（试行）》有关规定，依法对某供热公司进行行政处罚。

（三）执法示范点

慎重采用法律法规和处罚方案，实事求是处置涉案计量器具，加强部门沟通衔接，保障政府和相关方经济权益，是案件查办坚持的原则，也是确保办成高质量案例的基本支撑。

1. 准确运用法律法规是保障案件质量关键。供热计量执法直接关乎人民群众切身利益，对执法人员的计量业务知识、法律素养等执法办案能力要求较高。执法人员在办理案件过程中，遇到实际问题采取分头咨询探讨、开会讨论、建立计量模型验证等方式认真研究，广泛征求相关方面专家意见建议，形成多种角度模式解决方案，为办成高质量案件奠定有力支撑。

2. 处置涉案计量器具体现实事求是原则。涉案流量积算仪的产权属用热单位，使用管理单位是某供热公司，从物权角度考虑，流量积算仪产权属于受害单位。并且涉案流量积算仪经校准符合检定规程要求，供热计量不准只是因人为设置了不正确的参数，通过正确设置参数，可以实现正确计量。本着依法行政、实事求是原则，未对涉案流量积算仪进行没收。

3. 保障政府惠民资金合法支出是执法初心。本案中某供热公司的违法行为给政府和某小区换热站管理单位造成了损失，给政府造成损失的时间段发生在 2019～2020 年供暖季提前和延期供暖期间。政府以 52 元/GJ 的单价对某供热公司提前和延期供暖的居民用热进行补贴，案件处罚决定作出前，某供热公司已将某小区换热站的提前和延期供暖数据提报给了政府聘请的审计公司，补贴费用还未兑现，鉴于上述情况，依法责令某供热公司向政府提出某小区换热站的供暖数据变更申请并通报给当地政府和某供热公司的相关主管部门。

（选送单位：山东省司法厅）

27

周某某违法增持上市公司股票行政处罚案

基本案情

周某某与李某系夫妻关系，与周某系父女关系。截至 2016 年 2 月 29 日，周某某实际控制的“周某某”“李某”“周某”等账户（以下简称“周某某”账户组）持有“某科技”3323408 股，占上市公司已发行股份比例为 4.98%。2016 年 3 月 1 日，周某某通过“李某”账户继续交易“某科技”，买入 63500 股，卖出 2000 股。由此，“周某某”账户组持股数额由 3323408 股增至 3384908 股，持股比例由 4.98% 增至 5.08%。“李某”账户于当日 9 时 43 分 43 秒买入 2100 股“某科技”成交时，“周某某”账户组持股比例超过 5%。

“周某某”账户组持股比例达到上市公司已发行股份 5% 时，周某某未按法律规定向中国证监会和深圳证券交易所作出书面报告，也未通知上市公司并予公告。

“周某某”账户组持股比例达到上市公司已发行股份 5% 后，周某某在限制转让期限内继续买卖“某科技”。截至立案调查通知书出具日（2017 年 8 月 11 日），限制转让期限内“周某某”账户组累计买入“某科技”2925623 股，买入金额 119517811.87 元，卖出“某科技”174402 股，卖出金额

7474993.88元，共计持有“某科技”7884833股，持股比例达7.88%。

综上，周某某控制“周某某”账户组进行的上述行为违反了2005年修订的2005年《证券法》第八十六条第一款和第三十八条的规定，构成2005年《证券法》第一百九十三条第二款所述信息披露违法行为和第二百零四条所述在限制转让期限内买卖股票违法行为。

处理结果

2019年2月12日，某市证监局作出《行政处罚决定书》，依据2005年《证券法》第一百九十三条第二款和第二百零四条的规定，决定：1. 责令周某某改正，对周某某超比例持股未依法披露行为和在限制转让期限内买卖股票行为给予警告；2. 对周某某超比例持股未依法披露行为处以40万元罚款，在限制转让期限内买卖股票行为处以710万元罚款，合计罚款750万元。

周某某不服证监局上述行政处罚决定，于2019年8月12日向人民法院提起行政诉讼。2020年2月27日，人民法院作出行政判决书，判决驳回原告周某某的诉讼请求。

周某某不服一审法院判决结果，于2020年3月16日向中级人民法院提起上诉。2020年7月21日，中级人民法院作出行政判决书，判决驳回上诉，维持一审判决。

案件解析

（一）案情分析

1. 周某某超比例增持“某科技”未履行信息披露义务

截至2016年2月29日，周某某实际控制“周某某”账户组持有“某科技”3323408股，占上市公司已发行股份比例为4.98%。2016年3月1日，周某某通过“李某”账户继续交易“某科技”，买入63500股，卖出2000股。由此，“周某某”账户组持股数额由3323408股增至3384908股，持股比例由4.98%增至5.08%。“李某”账户于当日9时43分43秒买入2100股“某科技”成交时，“周某某”账户组持股比例超过5%。

“周某某”账户组持股比例达到上市公司已发行股份5%时，周某某未按法律规定向中国证监会和深圳证券交易所作出书面报告，也未通知上市公司并予公告，违反了2005年《证券法》第八十六条第一款的规定，构成2005年《证券法》第一百九十三条第二款所述的违法行为。

2. 周某某在限制转让期内买卖股票

“周某某”账户组持股比例达到上市公司已发行股份5%后，周某某在限制转让期限内继续买卖“某科技”。截至立案调查通知书出具日（2017年8月11日），“周某某”账户组累计买入“某科技”2925623股，买入金额119517811.87元，卖出“某科技”174402股，卖出金额7474993.88元，共计持有“某科技”7884833股，持股比例达7.88%。

周某某在限制转让期限内买卖股票行为违反了2005年《证券法》第八十六条第一款和第三十八条的规定，构成第二百零四条所述的违法行为。

3. 周某某构成短线交易行为

自2016年3月14日至2016年3月21日，“周某某”账户组累计买入“某科技”298500股，买入金额13366014.40元，卖出100000股，卖出金额4615717.00元。

自2016年11月21日至2017年2月15日，“周某某”账户组累计买入“某科技”2559223股，买入金额103475462.93元，卖出100股，卖出金额3992.00元。

上述期间内，周某某作为持有上市公司股份5%以上的股东，存在将持有的股票在买入后6个月内卖出，或者在卖出后6个月内买入的行为。

周某某上述短线交易行为发生在限制转让期限内，同时违反了2005年《证券法》第八十六条第一款、第三十八条和第四十七条第一款的规定，分别构成2005年《证券法》第二百零四条和第一百九十三条的违法行为，属于法条竞合的情形。依据事实吸收关系和“择一重罚”的原则，对周某某短线交易行为按照2005年《证券法》第二百零四条规定实施处罚。

（二）法律适用

本案中，当事人超比例增持的行为同时违反了《证券法》有关信息披露义务和限制买卖义务的相关规定，证监局根据2005年《证券法》第八十六条第一款、第三十八条对违法行为进行定性，同时运用2005年《证券法》第一百九十三条和第二百零四条对当事人进行处罚。

一是从法律规定条文来看。2005年《证券法》第三十八条规定，依法发行的股票、公司债券及其他证券，法律对其转让期限有限制性规定的，在限定的期限内不得买卖。第八十六条第一款规定，通过证券交易所的证券交易，投资者持有或者通过协议、其他安排与他人共同持有一个上市公司已发行的股份达到5%时，应当在该事实发生之日起3日内，向国务院证券监督管理机构、证券交易所作出书面报告，通知该上市公司，并予公告；在上述期限内，不得再行买卖该上市公司的股票。第八十六条位于证券法收购章节之下，意味着5%这一股权变动比例有着非常重要的意义，公司的持股情况即将发生重大变化，上市公司可能面临被收购或者控制权的转移，出于对中小投资者知情权的保护及交易秩序的维护，大股东应当依法公告并停止交易，停止交易构成大股东的义务。故第八十六条对大股东科以停止交易的义务与第三十八条规定的限制转让期限的立法目的一脉相承，对第八十六条停止交易义务的违反，也同时违反了第三十八条“在限定的期限内不得买卖”的规定。

二是从立法目的角度分析。2005年《证券法》第八十六条的规定在学理上通常被称为“权益披露规则及慢走规则”。由于上市公司对于大股东增持或者减持股份的行为往往处于被动地位，而其他中小投资者在信息获取方面则处于劣势，因此当大股东增持或者减持上市公司股份时，如果上市公司对相关信息欠缺了解，则无法采取有效的应对措施，而其他投资者也容易因信息不对称而难以对市场的变化进行理性判断，从而导致交易不公平。2005年《证券法》第八十六条设置权益披露规则的目的，正是在于通过对达到法定持股比例的大股东科以报告、公告等信息披露义务，以保护上市公司以及其他投资者对市场变化的知情权，从而平衡上市公司、大股东及其他投资者之间的权利义务关系。该条进一步设置了慢走规则，其主要目的也在于通过对大股东买卖股票予以一定期限的限制，从而保障上市公司以及其他投资者能够有时间对已经发生的大股东的增持或者减持行为进行评估，并提示其对可能进一步发生的市场变化予以关注，从而确保权益披露规则的功能得以实现。

因此，2005 年《证券法》第八十六条设置“慢走规则”的主要目的是保障权益披露规则的功能能够实现，该条核心在于大股东依法履行其信息披露义务。而大股东违反信息披露义务的目的，也往往在于为其争取更有利的市场地位。因此，大股东履行其信息披露义务应是解除其买卖股票限制的前提条件。在大股东未履行报告、公告义务的情况下，其违反信息披露义务处于持续状态，进而其所负的限制买卖义务也处于持续状态，对此两种均处于持续状态的违法行为，应当同时进行法律评价。

（三）示范点

对上市公司大股东违规增减持行为进行处罚时，如前述分析，应当将当事人信息披露违法行为与限制期内交易行为结合考虑，只要在法定时段没有披露而继续交易，则视为信息披露及限制期内交易之违法行为仍在继续，直到增减持行为结束。也就是说，若大股东未在法定时段内履行信息披露义务，则将导致其违反信息披露义务和负有的限制买卖义务均处于持续状态，应当同时适用证券法关于信息披露义务和限制买卖义务的罚则规定，对当事人的违法行为一并处罚。

（选送单位：中国证券监督管理委员会法律部）

28

某公司欺诈发行债券行政处罚案

基本案情

某公司分别于2015年8月与9月在上海证券交易所公开发行了两只小公募债券（以下简称15某某债、15某某02），合计发行金额13.6亿元，承销商及受托管理人为某证券公司，会计师为某会计师事务所（特殊普通合伙）。2017年8月14日，15某某债未能偿还回售及付息资金，出现回售违约，15某某02触发交叉违约。此外，某公司于2015年12月在上海证券交易所非公开发行公司债券1.3亿元（于2016年12月兑付），于2016年4月在深圳证券交易所非公开发行公司债券2.5亿元（于2018年4月违约）。2018年12月，人民法院已受理相关申请人对某公司的破产重整申请。

经查明，相关主体存在以下违法事实：

1. 某公司。一是通过将应收账款和应付账款“对抵”方式，同时虚减企业应收账款和应付款项，导致少计提坏账准备、多计利润，以虚假申报文件骗取公开发行公司债券核准，并以上述虚假财务数据制作了非公开发行公司债券的募集说明书并向合格投资者披露。二是未按规定及时披露定期报告、审计机构变更事项等相关信息。

2. 某证券公司。作为主承销商，未充分核查公开发行募集文件的真实性和准确性，在关注到某公司应收账款回收风险问题时，未充分履行核查程序。对于投资性房地产未充分履行核查程序。

3. 某会计师事务所。某会计师事务所在未获取充分、适当的审计证据加以验证的前提下，即认可了某公司关于应收账款和应付账款“对抵”的账务处理，为某公司出具了标准无保留意见的审计报告，出具的审计报告存在虚假记载。

处理结果

2018年7月，证券监督管理委员会（以下简称证监会）对某公司、陈某樟等21名责任人员作出行政处罚决定，对某公司责令改正、给予警告，并处以罚款4140万元；对相关责任人员给予警告并合计罚款254万元；对直接负责的主管人员陈某樟采取终身市场禁入措施。

2019年1月，证监会对某会计师事务所、钟某和等2名责任人员作出行政处罚决定，对某会计师事务所责令改正，没收某会计师事务所业务收入60万元，并处以180万元罚款；对相关责任人员给予警告，并分别处以10万元罚款。

2019年11月，证监会对某证券公司、周某玮等6名责任人员作出行政处罚决定，对某证券公司责令改正，给予警告，没收违法所得1857万元，并处以55万元罚款；对2名主要责任人员给予警告，并分别处以25万元罚款，撤销证券从业资格；对其他3名责任人员给予警告，并分别处以15万元罚款。

案件解析

（一）案情分析

本案中，某公司欺诈发行的主要违法事实是，在2012年至2014年年度核算时，采用“完工百分比法”确认各项承建工程的年度收入后，在未取得外部债权债务转移确认凭证的前提下，直接将因该收入形成的其对工程甲方的应收账款与其对下游工程项目承包人的应付款项进行抵销，导致少计提坏账准备、多计利润，2012年至2014年年度虚增净利润分别不少于3052万元、6492万元和15505万元，并以虚假财务数据发行债券。围绕上述事实，审计机构某会计师事务所、主承销商某证券公司也存在未勤勉尽责等相关违法行为。

1. 某公司将应收账款和应付账款“对抵”，违反企业会计准则

某公司主张，公司采取内部承包经营的方式，实质是承包人承担经营的主要风险，建筑行业采取将应收账款和应付账款“对抵”更加符合实质重于形式的会计原则。公司的利润并不会因为“对抵”而受到实质性影响。根据我国会计制度规定，企业计提坏账准备的方法由企业自行决定。现有证据不足以认定某公司欺诈发行和虚假披露的事实。

证监会认为，根据《企业会计准则第 37 号——金融工具列报》（2006）第十三条、《企业会计准则第 37 号——金融工具列报》（2014）第二十八条的规定，金融资产和金融负债应当在资产负债表内分别列示，不得抵销，除非企业具有法定抵销权利，或者企业计划以净额结算，或同时变现该金融资产和清偿该金融负债。某公司采用“完工百分比法”确认各项承建工程的年度收入，在其所承建工程的应收账款、应付账款主体不同，未按照《合同法》第八十条[①]、第八十四条[②]规定，转让债权未通知债务人、转移债务未经债权人同意的情况下，不具有将应收、应付账款抵销的权利，不符合上述会计准则规定的抵销条件。故某公司的“对抵”行为违反企业会计准则，进而导致其 2012 年至 2014 年年度财务报表数据虚假，违反了 2005 年《证券法》的相关规定。

2. 在应收账款和应付账款“对抵”的会计处理审计中，某会计师事务所未勤勉尽责

调查组调阅某会计师事务所应收账款科目底稿，未发现某会计师事务所对某公司应收账款和应付账款“对抵”操作执行相应的审计程序。某会计师事务所在未获取充分、适当的审计证据加以验证的前提下，即认可了某公司

① 已修订为 2020 年《中华人民共和国民法典》第五百四十六条规定。第五百四十六条：“债权人转让债权，未通知债务人的，该转让对债务人不发生效力。债权转让的通知不得撤销，但是经受让人同意的除外。”

② 已修订为 2020 年《中华人民共和国民法典》第五百五十一条规定。第五百五十一条：“债务人将债务的全部或者部分转移给第三人的，应当经债权人同意。债务人或者第三人可以催告债权人在合理期限内予以同意，债权人未作表示的，视为不同意。”

关于应收账款和应付账款“对抵”的账务处理，在审计过程中未能勤勉尽责，导致出具的审计报告存在虚假记载，违反了2005年《证券法》及会计准则相关规定。

3. 某证券公司未充分核查某公司应收账款问题

某证券公司及相关责任人员主张，某证券公司作为债券承销商承担一般核查义务而不是审慎核查义务。相关规定没有要求承销商实际查阅应收账款明细。此外，某证券公司已经对发行人的审计报告、财务报表、近三年应收账款账龄情况表、应收账款余额前五大客户情况表等明细资料进行了查验。发行人财务问题的主要责任在发行人和审计机构。

证监会认为，尽管涉案行为发生时《公司债券承销业务尽职调查指引》尚未发布，但《证券公司中小企业私募债券承销业务尽职调查指引》[①] 第十四条规定债券承销商应当“查阅有关明细资料，咨询注册会计师，调查企业的应收款项形成原因、收回可能性等”。相对于私募债，公募债承销商应当履行更为严格的核查义务。举轻以明重，公募债承销商更应当对应收账款形成原因、收回可能性做核查。本案应收账款数额巨大，项目组成员未实际查阅有关明细资料，未充分调查企业的应收款项形成原因、收回的可能性等，仅根据对发行人问询，便认为某公司应收账款回收风险较小，违反了2005年《证券法》及《公司债券发行与交易管理办法》的相关规定。

（二）法律适用

1. 某公司违法行为适用2005年《证券法》第十六条、第二十条、第一百八十九条、第一百九十三条等

某公司在自身最近三年平均可分配利润不多于9359万元，不足以支付公司债券一年的利息（10352万元），不具备公司债券公开发行条件的情况下，以虚假申报文件骗取公开发行公司债券核准，并以上述虚假财务数据制作了非公开发行公司债券的募集说明书并向合格投资者披露。上述行为违反了

① 现已失效。

2005 年《证券法》第十六条第一款第（三）项关于公开发行债券应当符合的条件中“最近三年平均可分配利润足以支付公司债券一年的利息”和第二十条第一款“发行人向国务院证券监督管理机构或者国务院授权的部门报送的证券发行申请文件，必须真实、准确、完整”的规定，构成 2005 年《证券法》第一百八十九条第一款所述“发行人不符合发行条件，以欺骗手段骗取发行核准”的行为；违反了 2005 年《证券法》第六十三条关于“发行人、上市公司依法披露的信息，必须真实、准确、完整，不得有虚假记载、误导性陈述或者重大遗漏”的规定，构成 2005 年《证券法》第一百九十三条第一款规定的“发行人、上市公司或者其他信息披露义务人未按照规定披露信息，或者所披露的信息有虚假记载、误导性陈述或者重大遗漏”的行为。

2. 某会计师事务所违法行为适用 2005 年《证券法》第一百七十三条、第二百二十三条

某会计师事务所在审计过程中未能勤勉尽责，导致出具的审计报告存在虚假记载，违反了 2005 年《证券法》第一百七十三条的规定，构成第二百二十三条规定的“证券服务机构未勤勉尽责，所制作、出具的文件有虚假记载、误导性陈述或者重大遗漏”的行为。

3. 某证券公司违法行为适用 2005 年《证券法》第三十一条、第一百九十一条、第二百二十四条及《公司债券发行与交易管理办法》第七条①

某证券公司作为主承销商，未充分核查公开发行募集文件的真实性和准确性，在关注到某公司应收账款回收风险问题时，未充分履行核查程序，违反了 2005 年《证券法》第三十一条“证券公司承销证券，应当对公开发行募集文件的真实性、准确性、完整性进行核查”和《公司债券发行与交易管理办法》第七条“为公司债券发行提供服务的承销机构、资信评级机构、受托管理人、会计师事务所、资产评估机构、律师事务所等专业机构和人员应当勤勉尽责，严

① 已修订为 2021 年《公司债券发行与交易管理办法》第六条第一款规定。第六条第一款：“为公司债券发行提供服务的承销机构、受托管理人，以及资信评级机构、会计师事务所、资产评估机构、律师事务所等专业机构和人员应当勤勉尽责，严格遵守执业规范和监管规则，按规定和约定履行义务。”

格遵守执业规范和监管规则，按规定和约定履行义务”的规定，构成2005年《证券法》第一百九十一条第（三）项“其他违反证券承销业务规定的行为”。

某证券公司及相关责任人员主张，本案不应当适用2005年《证券法》第一百九十一条，理由在于：第一百九十一条第（一）项、第（二）项列举的是销售事项，且主观状态为故意，基于法条不同子项的同一性，对兜底项第（三）项的解释应当限定为销售中的故意行为，不包括承销商尽职调查未勤勉尽责的情形。

证监会认为，从文义解释的角度来看，涉案行为属于第一百九十一条规定的承销过程中发生的行为；从体系解释的角度来看，第一百九十一条的主文并没有限制承销的范围，第一百九十一条在第（一）项和第（二）项做了简单列举后将更多的违法行为，放入第（三）项兜底条款，不能因此推演出本条承销属于狭义承销概念；从目的解释的角度来看，2005年《证券法》对债券承销机构规定了义务性条款，第一百九十一条是相对应的罚则，对本条第（三）项兜底条款应当作宽泛解释。本案某证券公司违反承销业务规定，未充分履行核查程序的违法行为应当纳入第（三）项兜底条款的情形。从解释的一贯性来看，本案对2005年《证券法》第一百九十一条第（三）项的理解和适用符合证监会的一贯实践。

（三）示范点

1. 本案是首例公开发行公司债券欺诈发行案件，也是首例对于公司债券发行人、承销机构、会计师事务所进行行政处罚的案件，行政执法过程、处罚结果、各方责任认定等对于后续债券市场违法违规案件的执法处罚具有一定示范作用。

2. 在本案中，应收账款和应付账款“对抵”是否符合企业会计准则、会计师事务所及承销机构的相关责任认定等是审理过程中的争议焦点，也是市场各方的重要关注点。

（选送单位：中国证券监督管理委员会法律部）

29

某轻纺公司废气超总量排放按日连续处罚案

基本案情

2019 年 11 月 18 日，某市生态环境局执法人员对当地某轻纺公司进行执法检查。现场检查时该公司印染纺织项目正在生产，其配套的燃煤锅炉正在运行，执法人员在对该公司刷卡排污系统进行检查时，发现该公司废气氮氧化物排放量已超过全年允许排放总量，涉嫌超过重点大气污染物排放总量控制指标排放大气污染物。当天，该市生态环境局就对该公司上述环境违法行为进行了立案查处，并当场下达《责令改正违法行为决定书》，书面告知其立即停止燃煤锅炉使用并停止排放大气污染物，否则将启动按日连续处罚。11 月 22 日，该市生态环境局执法人员对该公司进行复查，发现该公司印染纺织项目仍在生产，配套的燃煤锅炉依然在运行，仍存在超总量排放大气污染物的情况。后经再次责令改正并实施核查，该公司已完成整改，通过排污权交易获得了一定的氮氧化物排放量。

处理结果

对于 2019 年 11 月 18 日某轻纺公司超过重点大气污染物排放总量控制指标排放大气污染物的环境违法行为，该市生态环境局及时进行立案查处，并及时下达《责令改正违法行为决定书》，责令改正环境违法行为。12 月 11 日下达《行政处罚决定书》，对该公司处以罚款 10.08 万元。

对于 11 月 22 日复查时某轻纺公司仍存在重点大气污染物氮氧化物指标超总量排放的环境违法行为的情况，该市生态环境局依法实施按日连续处罚：

自11月18日的次日（11月19日）起至11月22日止，共计4天，每日按原处罚数额处以罚款，共计罚款40.32万元。2019年12月25日，该市生态环境局向该公司送达《按日连续处罚决定书》。

因重点大气污染物氮氧化物超总量排放，某轻纺公司被生态环境部门共计罚款50.4万元。

案件解析

（一）案情分析

1. 关于企业排污总量监控。所在区通过刷卡排污系统对企业排污情况实施过程监控。在全区各重点排污单位均设置了刷卡排污系统，以企业排污许可证数据为基础，依托现有的污染源在线监测系统对企业排污总量实行24小时监控，当企业排污总量达到本年度许可排放量的70%、80%、90%时，刷卡排污系统会报警提示；同时，企业每月月初需上报当月预排放量并由生态环境部门工作人员填入刷卡排污系统，一方面便于生态环境部门掌握排污情况；另一方面便于企业自主调整生产，控制排污总量。本案中，该市生态环境局通过检查企业刷卡排污系统，对比企业实际排污量和排污许可证上允许排放的污染物总量，发现某轻纺公司存在超总量排放污染物行为。

2. 关于排污权交易制度。所在区通过实行排污权交易制度加大企业排污自主权。出台《某市主要污染物排污权交易办法（试行）》和《某区排污权租赁管理办法（试行）》，将化学需氧量、氨氮、二氧化硫和氮氧化物等指标列入区域和企业总量管理，在区域内建立一个“排污权交易市场”，因临时停产或实施技改而富余总量的企业可以作为“出租方”将核定的可出租量在当地生态环境部门网站上公示并登记在区域“排污权交易市场”，“承租方”因企业年度某项或多项污染物指标超过核定总量，可以向当地生态环境部门提出承租申请，并向“排污权交易市场”同行业指标富余的企业进行污染物指标租赁，双方按照市场化原则签订租赁合同，向当地生态环境部门备案并进行网上公示，同时租赁双方要严格执行总量管理规定，不得超过区域总量指标排放污染物。本案中，某轻纺公司通过排污权交易市场，租赁获得了一定的氮氧化物排放量，从而改正了超总量排放污染物行为。

（二）法律适用

1. 一般行政处罚的法律依据。《大气污染防治法》第十八条规定“企业事业单位和其他生产经营者建设对大气环境有影响的项目，应当依法进行环境影响评价、公开环境影响评价文件；向大气排放污染物的，应当符合大气污染物排放标准，遵守重点大气污染物排放总量控制要求”；第九十九条规定“违反本法规定，有下列行为之一的，由县级以上人民政府生态环境主管部门责令改正或者限制生产、停产整治，并处十万元以上一百万元以下的罚款；情节严重的，报经有批准权的人民政府批准，责令停业、关闭：……（二）超过大气污染物排放标准或者超过重点大气污染物排放总量控制指标排放大气污染物的……”本案中，某轻纺公司11月18日超过排污许可证规定的排放总量限值排放氮氧化物的行为，违反了《大气污染防治法》第十八条的规定，依据第九十九条的规定，同时考虑到当事人违法时间较短，对周边环境影响较小，经集体审议并通过市环境监管网格化平台的自由裁量系统进行裁量，市生态环境局对该公司处以10.08万元的行政处罚。

2. 按日连续处罚的法律依据。《环境保护法》第五十九条第一款规定：“企业事业单位和其他生产经营者违法排放污染物，受到罚款处罚，被责令改正，拒不改正的，依法作出处罚决定的行政机关可以自责令改正之日的次日起，按照原处罚数额按日连续处罚。”本案中，市生态环境局于11月18日执法检查发现某轻纺公司存在超总量排放行为后依法立案实施处罚，并书面告知企业立即改正违法排污行为，否则将予以按日连续处罚的法律后果。11月22日市生态环境局依法对该公司进行复查，发现该公司仍存在超总量排放污染物的行为，故依法实施按日连续处罚。

（三）示范点

本案是对重点大气污染物氮氧化物指标超总量排放行为实施按日连续处罚的典型案例。市生态环境局充分运用科技手段加强污染物排放总量管控，严格依法查处超总量排放污染物违法行为，为全国生态环境系统办理此类案件提供了借鉴和参考。

1. 对违法排放污染物的事实认定。企业存在“违法排放污染物”行为，是实施按日连续处罚的前提条件。查处超总量排放污染物行为，难点在于污染物实际排放总量的认定。本案中，市生态环境局通过检查某轻纺公司排污刷卡系统，依托污染源自动监测数据，发现该公司氮氧化物排放指标超过全年总量控制指标，构成典型的违法排污行为。

2. 及时责令改正违法排污行为。《环境保护主管部门实施按日连续处罚办法》（以下简称《办法》）第八条第一款规定：“环境保护主管部门可以当场认定违法排放污染物的，应当在现场调查时向排污者送达责令改正违法行为决定书，责令立即停止违法排放污染物行为。”某市生态环境局于 11 月 18 日在检查过程中发现该公司存在超总量排放污染物行为后，当场下达《责令改正违法行为决定书》，明确告知企业立即停止燃煤锅炉使用并停止排放大气污染物，否则将启动按日连续处罚。

3. 及时开展复查。《办法》第十条规定：“环境保护主管部门应当在送达责令改正违法行为决定书之日起三十日内，以暗查方式组织对排污者违法排放污染物行为的改正情况实施复查。”第十三条规定：“排污者具有下列情形之一的，认定为拒不改正：（一）责令改正违法行为决定书送达后，环境保护主管部门复查发现仍在继续违法排放污染物的；……”本案中，某市生态环境局在责令该公司立即改正违法行为后，于 11 月 22 日对其改正情况实施复查，发现仍存在超总量排放污染物的违法排污行为。

4. 准确计算罚款数额。按日连续处罚的计罚日数为责令改正违法行为决定书送达排污者之日的次日起，至环境保护主管部门复查发现违法排放污染物行为之日止。罚款数额为原处罚决定书确定的罚款额度乘以计罚日数。本案中，某市生态环境局根据 11 月 18 日的次日（11 月 19 日）起至 11 月 22 日止，共计 4 天，每日按原处罚数额（10.08 万元）处以罚款，共计罚款 40.32 万元。

（选送单位：生态环境部生态环境执法局）

二、程序案例

30

某家具材料市场重大火灾隐患整改行政处罚案

基本案情

2019年6月11日，某市消防救援大队对某家具材料市场已投入使用的建筑进行消防监督检查，发现该市场设计功能为商业，建筑主体地上三层，实际使用功能一层为商铺、二层大多为仓库或办公、三层大多为住宿或住宅。已投入使用的商铺有部分是个人购买的，大多数为经营户租用的，市场内设有物业管理单位，主要负责市场内的消防安全管理工作。市场主要存在以下问题：一是建筑内油漆专卖店所卖油漆均直接存放在店内，每户存放的油漆数量在数十桶到上百桶，每桶油漆容量在10升到50升，未设置独立的危险品仓库。《建筑设计防火规范》明确规定存放乙类火灾危险性物品的商店严禁附设在民用建筑内。二是已投入使用的建筑中，绝大多数都存在楼下作为门面经营、楼上设置住宅或宿舍的现象。除17家油漆专卖店外，另有8家五金店铺也存在违规住宿现象，且设置不符合国家工程建设消防技术标准。

处理结果

某家具材料市场存在的火灾隐患及消防安全违法行为，依据《中华人民共和国消防法》（以下简称《消防法》）第十九条规定，2019年6月18日，某市消防救援大队对某家具材料市场及25家违规住人的商铺分别予以受案。2019年8月15日，大队根据《消防法》第六十一条第一款规定，决定给予某家具材料市场责令停产停业并处罚款人民币 3 万元整的处罚；分别给予 17 家油漆专卖店责令停产停业并处罚款 1 万元整的处罚。根据《消防法》第六十一条第二款规定，分别给予 8 家五金店铺责令停产停业并处罚款 1 万元整的处罚。

同时，大队依据《重大火灾隐患判定方法》（GB35181－2017）将其列为重大火灾隐患单位，报请市政府同意后挂牌督办。2019 年 9 月，该市场火灾隐患整改完毕，大队报经市政府同意，对某家具材料市场重大火灾隐患予以摘牌销案。至此，对该市场作出的责令停产停业处罚履行完毕，存在的重大火灾隐患得到了全面、彻底的清除，有效净化了全市消防安全环境。

案件解析

（一）案情分析

1. 态度鲜明，坚决受案查处。某家具材料市场是当地的“纳税大户”，在经济增速放缓的大环境下，为政府重点扶持的对象之一。消防救援大队到该市场检查时，已有数百名经营户入驻其中，且主要集中在南半区共 18 幢建筑内（北半区共 18 幢建筑正在招商过程中），火灾隐患严重威胁了市场正常的经营秩序以及群众的生命财产安全。由于这次处罚涉及经营户众多，而且会给当地家具产业造成极大的影响，因此执法难度非常大。大队多次到属地政府、公安局、应急管理局协调处罚事宜，表明立场、认真说明理由，坚决依法予以受案查处。

2. 严密取证，规范处罚环节。受案后，为把处罚工作做细做实，消防救援大队监督员在初步掌握部分线索后，联合辖区公安派出所在夜间对该市场进行了突击检查，对现场检查到的“三合一”问题逐一登记并拍照取证，共检查发现 25 家商铺存在违规住人。而且，在存在违规住宿的商铺中，17 家是油漆经营户，一旦楼下发生火灾，极易造成楼上住宿人员群死群伤。大队随即组织集体议案，一致认为，该市场是新兴的人员密集场所，日常人流密集，市场内拟新建和已建成但尚未投入使用的建筑有数十幢，一定要严格规范办案，不能让这种普遍具有代表性的问题向其他新开商铺蔓延，否则整个市场就将处于严重的消防安全风险中。

3. 多措并举，停业履行到位。本案的处罚对象数量多，其中不乏不愿意停产停业的。责令停产停业期间，由于租赁户众多，各经营户存有拖、等、看的心理，停业履行进展不明显。针对这种情况，大队果断联合应急管理局和开发区管委会，召集所有租赁户负责人进行集中约谈，并组织辖区公安派出所、综合执法部门多次上门督促履行停产停业的履行要求，对态度恶劣的商户全程用执法记录仪拍摄留档，并依法对3家拒不停业的油漆经营户分别采取强制搬离、终止租赁协议强制清除出市场等措施，极大地触动了各经营户。同时，大队也帮助各经营户想办法、渡难关，每周定期上门或电话督促指导，以说理式执法真正赢得了各经营户的理解和支持，停产停业的处罚最终履行到位。

4. 明确责任，创新工作机制。实施处罚的目的是更好地整改火灾隐患。为确保该市场按期按质完成整改工作目标，大队提请成立了由经济技术开发区分管副主任任组长，市应急管理、消防等部门分管负责人任副组长的重大火灾隐患整改工作领导小组，明确了开发区政府、市应急管理局、消防救援大队、某家具材料市场的各方整改工作责任，明确整改进度。为全面推动重大火灾隐患整改工作，消防救援大队加强与市应急管理部门的沟通协调，建立完善了“每月分析研判、每月联合检查、每月互相通报”的家具企业消防安全专项治理三项工作机制，为重大火灾隐患整改工作提供了强有力的机制保障。

5. 疏堵结合，解决后顾之忧。通过挨家挨户的摸排，工作小组成员逐渐找到了问题的关键，大部分危险品经营者不是不想整改，只是周边没有合法合规的危险品储存点，存放在太远的地方又会增加大量的经营成本，所以很多经营者就直接把危险品存放在店铺内，其实有一定的苦衷。工作组迅速商定整改方案，通过各方协调，给经营户找到了绝佳的危险品存放点，不仅不会给经营者增加太多成本，而且解决了店铺内存放物品在空间上的局限性。

这样一来，广大经营户整改问题的积极性就提上来了，后面的重大火灾隐患销案也就水到渠成了。另外，工作组协调市场负责人安排专门人员定时对各店铺进行巡查，一旦发现类似问题立刻制止，把问题整改在萌芽阶段。

（二）法律适用

1. 根据《消防法》第六十一条第一款“生产、储存、经营易燃易爆危险品的场所与居住场所设置在同一建筑物内，或者未与居住场所保持安全距离的，责令停产停业，并处五千元以上五万元以下罚款”的规定，给予某家具材料市场责令停产停业并处罚款3万元的处罚，分别对17家油漆专卖店责令停产停业并处罚款1万元的处罚。根据《消防法》第六十一条第二款“生产、储存、经营其他物品的场所与居住场所设置在同一建筑物内，不符合消防技术标准的，依照前款规定处罚”的规定，分别给予8家五金店铺责令停产停业并处罚款1万元整的处罚。

2. 根据《重大火灾隐患判定方法》（GB35181－2017）6.2“生产、储存、经营易燃易爆危险品的场所与人员密集场所、居住场所设置在同一建筑物内”的规定，判定某家具材料市场为重大火灾隐患单位。

3. 及时予以立案并制作《重大火灾隐患限期整改通知书》，经市政府同意后挂牌督办整改。

4. 经市政府同意，对某家具材料市场重大火灾隐患予以销案摘牌。

（三）示范点

消防行政处罚执行的难点是责令停产停业，而重大火灾隐患的整改又是消防监督执法的重大课题。就此案例，由于某家具材料市场本身存在资金短缺、涉及面广、重大危险源无处转移等困难，停产停业意味着资金更加短缺，势必给经营户造成极大困难。同时，要彻底整改好重大火灾隐患，还要投入大量的整改资金，隐患整改工作可谓困难重重。但是，此案能够顺利办结，隐患能够及时消除，得益于各部门工作合力，得益于消防救援大队主动热情提供服务指导为重大火灾隐患的及时整改提供了强有力支撑，也为企业长远发展以及企业财产和员工生命安全提供了保障。

1. 敢于较真是基础。某家具材料市场是当地的纳税大户，为当地政府重点扶持的对象之一。由于这次处罚涉及经营户众多，依法履行难度较大，而且会给当地的家具产业造成极大的损失。消防救援大队充分讲明法理、说清事理，让企业负责人和经营户认清消防安全隐患的严重危害性，认清依法实施消防行政处罚的必要性，提高配合履行停产停业处罚的自觉性。

2. 联合执法是措施。面对该市场停产停业处罚及火灾隐患整改过程中出现的思想波动，消防救援大队主动联合公安、应急管理部门及辖区政府，共同开展执法集中行动，对单位开展不间断、持续的检查；同时邀请市级主流媒体实时报道，保障群众知情权，方便群众监督；对不配合停业的商铺业主进行多次约谈，对其进行安全教育和思想工作，对拒不履行处罚决定的经营户果断采取强制搬离，有效震慑了区域内少数经营户带来的负面影响，形成了依法执法的良好氛围。

3. 挂牌督办是手段。消防救援大队充分认识到该市场停产停业处罚及重大火灾隐患整改工作的艰巨性和复杂性，因此实行政府挂牌督办，为企业火灾隐患整改工作提供动力，彻底打消企业负责人等待观望思想。大队多次协调该市场停产停业及后续的隐患整改事宜，坚决表明态度、认真说明理由，上报市政府进行挂牌督办整改，并借助消委会平台，向辖区政府及相关职能部门函告该市场存在重大火灾隐患的事实，推动属地政府、行业主管部门严格履职，综合施治，形成监管合力。

4. 热情服务是保障。在该市场停产停业及隐患整改过程中，消防救援大队先后 3 次约谈市场负责人，告知企业应履行的主体责任，明确火灾隐患危险性及整改期限；成立技术服务小组，先后 6 次深入重大火灾隐患单位实地检查、现场办公、提出建议，为市场提供最佳最经济的整改方案；成立消防巡查分队，调派 5 名政府专职队员，派驻 1 部消防执勤车辆每天开展消防巡查；组织所有商铺业主、市场安全管理人员等开展消防安全知识培训，全面提高了市场经营人员的消防安全意识和自防自救能力。

（选送单位：应急管理部政策法规司）

31

胡某销售未经批准、检验的进口化妆品案

基本案情

2018年9月26日，市场监督管理局执法人员根据举报线索对某园区的28号仓库进行突击检查，现场查到大量非法化妆品。经查，当事人胡某自2016年9月开始从日本店铺购入“某美容乳液”“某防晒乳液”等进口化妆品，以跨境物流方式运送至该处仓库，并通过其经营的网店进行销售。当事人经营的进口化妆品共有25种，均未经过检验检疫部门的检验。经品牌权利方鉴定，上述化妆品均为权利方限定国外销售的产品，其中有11种未取得进口化妆品备案凭证、进口特殊用途化妆品行政许可批件。截至案发，当事人售出上述进口化妆品的金额达1120221.64元，尚有库存产品3173件，库存货值429646元。

处理结果

当事人销售未经批准、备案的进口化妆品的行为，违反了《化妆品卫生监督条例》①（以下简称《条例》）第十五条的规定；销售未经检验的进口化妆品的行为，违反了《条例》第十六条第一款的规定。结合上级部门有关行政处罚裁量指南，市场监督管理局除依据《行政处罚法》第二十三条的规定，责令当事人立即改正违法行为外，另依据《条例》第二十六条第一款的规定，对当事人作出以下行政处罚：1. 没收未经批准、检验的进口化妆品3173件；2. 没收违法所得1120221.64元。

① 现已失效。

案件解析

（一）案情分析

1. 网络经营，隐蔽性强。该网店实际发货地为某园区内一间仓库，临近商业广场及居民住宅区，人流量大，稍有惊动，涉案人员便可能逃走。接举报后，执法人员联合公安部门多次对上述地址进行踩点摸排，摸清了当事人经营时间与经营模式，确保检查的精准性。

2. 品种繁多、涉案金额大。本案为一起销售非法进口化妆品案件，涉案非法化妆品种类多达25种、销售及库存数量达14796件，总案值达到154万元之多。

3. 价格多变、调查取证难。本案中当事人的销售记录多达10000多条，且产品网页标示价格与实际成交价格有所不同，还有免费的赠品，执法人员需要逐条核对与甄别，确认违法所得，给案件的取证带来较大困难。执法单位联合公安机关运用相关技术手段，以极大的耐心和毅力，逐一甄别，计算出当事人违法所得，解决了这一难题。

（二）法律适用

准确适用法律条款，合理裁量处罚。现场的跨境物流单显示，当事人处的化妆品均来自国外。为了证实产品的真伪，执法人员联系相关化妆品的品牌权利方前来鉴定，确认了当事人经营的产品均为权利方检验合格准予销售的正品，但均为限定国外销售的产品。同时确认了其中的11款产品在国内均未取得进口化妆品行政许可批件或进口化妆品备案凭证。

本案涉案产品违法情形复杂，存在销售未经检验、批准的进口化妆品两种违法行为，应按《条例》进行处罚；但涉案产品又违反了原国家质检总局发布的《进出口化妆品检验检疫监督管理办法》的规定，以及《国务院关于加强食品等产品安全监督管理的特别规定》中关于不符合法定要求、不能提供检验报告书的处罚条款。经讨论研究，按照有利于当事人利益和过罚相当的原则相关意见，最终确定适用《条例》进行处罚，做到了合法、合理、合情。

在裁量方面，本案涉及的货值金额较大，但当事人在案件办理过程中积极主动配合执法人员，违法行为系首次发现，且属于大学生自主创业群体，缺乏一定的专业法律知识及行业经验，监管部门应对其进行正确引导并给予相应支持与鼓励，不应过于打击其创业积极性。同时《条例》所称的违法所得，是指违法从事化妆品生产经营活动所取得的全部营业收入（包括成本和利润），没收违法所得已经达到了相应的处罚效果。此外，在执法人员耐心的宣传教育下，当事人已将经营模式转变为进口跨境电子商务，经营合法进口化妆品和国产品牌化妆品，创业行为逐步走向正轨。综合考虑各种因素，最终经局长办公会集体讨论，决定给予当事人没收违法所得及没收违法化妆品的处罚，不再并处罚款。

（三）示范点

1. 重视举报，深挖线索细节。在执法人员接到举报后，第一时间与权利人取得联系，获取详细线索信息，通过对案件线索的分析研判，执法人员敏锐地察觉到该案有可能存在涉嫌销售假药的案中案，随即与公安部门成立联合专案组共同侦办此案，最终一举查获该网络销售窝点。

2. 协同办案，行刑无缝衔接。网络交易的重要特点就是虚拟性，交易主体身份不明确，产品真实性不确定，为案件办理带来了很大挑战。接报后，执法人员迅速利用专业技术软件将当事人违法经营行为的相关网页截屏取证，防止当事人删除相关数据，掩盖违法行为，影响后期案件调查取证。同时执法人员在与公安机关进行前期多次摸底排查工作的基础上，制订了突击检查方案，现场检查时第一时间调取了当事人用于销售产品的电脑系统后台数据并复制保存，锁定了案件关键证据。同时，在检查过程中发现的涉嫌销售假药的“案中案”，直接交由公安部门查处，而化妆品违法行为，因不涉及刑事责任，由市场监管部门查处，实现了行刑衔接的无缝对接。

3. 深入分析，形成监管闭环。本案当事人是从国外授权经销商或零售商采购进口化妆品，由经销商以跨境物流方式运送至国内，进口的产品有着合法的来源，系正品。当事人的行为类似于刚刚兴起的“平行进口”行为，可能涉及违反海关监管的规定。经过深入的分析研判后，执法单位在对当事人化妆品违法行为进行查处的同时，对当事人的进口行为向海关部门进行了抄告，形成了打击违法行为的闭环。

4. 重拳出击，维护市场秩序。近年来，随着物联网、互联网的蓬勃发展，违法销售平行进口产品的行为屡见不鲜，一方面给质量监管带来了执法困难，另一方面也损害了在国内授权的经销商的合法权益。更值得忧虑的是，一些化妆品是根据不同国家或地区的品位、文化意识、皮肤特点以及法律法规标准来进行研发、生产和投放的，一旦这些化妆品无序流通，将会使品牌所有权人、制造商无法保障后续的服务，同时也可能引起不适应化学成分、过敏等安全隐患，进而可能损害品牌形象。对这类违法行为，执法单位在缺少同类经验的情况下，勇扛硬任务，尽职尽责，通过严明执法提升了百姓的满意度和公众的幸福感。

（选送单位：国家药品监督管理局政策法规司）

32

某公司虚构服务合同逃汇案

基本案情

某公司成立于2016年10月，注册资本为1000万元人民币，经营范围为研发、生产、销售、租赁精密仪器设备、仪表、自动化设备等。2019年3月至5月，该公司分4笔累计向境外关联公司支付运营管理咨询服务费15.3万美元。经外汇局核查确定，该公司虚构服务合同向境外关联公司转移资金。

处理结果

2020 年 8 月，国家外汇管理局（以下简称外汇局）依据《中华人民共和国外汇管理条例》（以下简称《外汇管理条例》）第三十九条“有违反规定将境内外汇转移境外，或者以欺骗手段将境内资本转移境外等逃汇行为的，由外汇管理机关责令限期调回外汇，处逃汇金额 30% 以下的罚款；情节严重的，处逃汇金额 30% 以上等值以下的罚款；构成犯罪的，依法追究刑事责任”的规定，对某公司逃汇行为处以罚款人民币 7.2 万元，并责令限期调回外汇。

案件解析

（一）案情分析

境内外关联公司之间的交易真实性核查存在一定难度，核查人员紧紧围绕交易来了解情况及取证，通过全方位的多点信息来交叉印证交易的真实性。

1. 多角度印证，全方位核实企业交易单证、会计凭证和其他辅助资料。一是某公司服务合同条款简单，服务内容仅笼统描述为“市场推广、商务服务、营销策划、现场服务及其他和产品销售相关的服务”，未说明服务具体内容、计价结算标准等。二是某公司会计凭证、会计账簿、税务凭证等显示，上述付汇未代扣代缴境外收款人的所得税款。

2. 从细节入手，深入挖掘交易可疑点。外汇局通过核查发现以下可疑点：一是在核查询问中，外汇局了解到某公司境外关联公司并无工作人员常驻办公，不具备提供相关服务的人力资源能力；二是某公司辩称境外关联公司提供了相关应用软件及服务，但无法详细说明和展示该软件具体用途及实际应用场景。

3. 循序渐进加强政策宣传，企业承认违规事实。核查中，外汇局找准着力点加强法规政策宣传，最终企业承认管理咨询服务费未代扣代缴境外关联公司所得税款以及虚构服务合同以管理咨询服务费名义向境外转移资金等违规事实。某公司表示愿意接受外汇局的处罚，后续将合法合规经营。

（二）法律适用

某公司用虚假服务合同，以咨询服务费名义在银行申请购汇、付汇的行为，违反了《外汇管理条例》第十二条“经常项目外汇收支应当具有真实、合法的交易基础”的规定，应依据《外汇管理条例》第三十九条“有违反规定将境内外汇转移境外，或者以欺骗手段将境内资本转移境外等逃汇行为的，由外汇管理机关责令限期调回外汇，处逃汇金额30%以下的罚款；情节严重的，处逃汇金额30%以上等值以下的罚款；构成犯罪的，依法追究刑事责任”的规定进行处罚。

（三）示范点

案例中，某公司在交易方式、付汇日期、金额等方面迷惑性较强。对此类交易，现场核查不能仅停留在单证表面真实性，应全面了解整个交易过程，包括业务模式、资金结算、会计处理、税款缴纳等，通过不同业务资料交叉印证交易背景真实性。

（选送单位：国家外汇管理局经常项目管理司）

33

某公司非法占地处理案

基本案情

某公司于2017年5月在未办理用地手续的情况下，擅自占用某社区集体土地建设驾驶员培训场地，并投入使用。经实测，该培训场地占地面积为4673.36平方米。其中，占用25.5平方米耕地，不符合土地利用总体规划；占用4646.3平方米耕地，1.56平方米园地、沟渠，不符合土地利用总体规划。上述行为违反了2004年《中华人民共和国土地管理法》（以下简称2004年《土地管理法》）第二条第三款、第四十三条第一款及第四十四条第一款。

处理结果

原某市国土资源局（后改为某市自然资源和规划局）于2018年9月3日对违法当事人作出了《行政处罚决定书》，认定当事人存在未经批准、非法占地事实，依据2004年《土地管理法》第七十六条第一款和2014年《中华人民共和国土地管理法实施条例》第四十二条和《某市查处土地违法行为处罚标准》之规定，对当事人作出如下处罚：

1. 责令将非法占用的土地退还给社区。

2. 没收在非法占用土地上新建的建筑物和其他设施。

3. 在接到《行政处罚决定书》之日起15日内，拆除在非法占用土地上新建设的建筑物和其他设施，恢复土地原貌。

4. 对非法占用的土地25.5平方米处以20元/平方米的罚款，计510元；对非法占用的土地4646.3平方米处以25元/平方米的罚款，计116157.5元；对非法占用的土地1.56平方米处以20元/平方米的罚款，计31.2元；共计116698.7元。

在法定期限内，当事人没有履行行政处罚决定的内容。该市自然资源和规划局按法定程序于2019年3月1日进行了催告，法定期限届满后于2019年3月25日申请人民法院强制执行。人民法院于2019年4月28日作出《行政裁定书》，裁定《行政处罚决定书》第（一）项、第（三）项，准予强制执行，由该区某街道办事处组织实施，该市自然资源和规划局协助配合；《行政处罚决定书》第（四）项对该公司罚款116698.7元，准予强制执行，由人民法院组织实施。

因街道办事处迟迟未履行法院裁定，2020年6月1日，人民检察院向街道办事处下发《检察建议书》，指出《行政裁定书》一直未被实际执行，非法占用土地上的建筑物和其他设施未被拆除，土地原貌未恢复，要求其尽快按照裁定组织拆除。同时，向该市自然资源和规划局发来《检察建议书》，要求积极跟进处理本案执行情况。

2020 年 6 月 18 日，街道办事处完成该公司驾驶员培训场地的拆除复耕。

案件解析

本案示范的意义在于通过检察力量的介入，有效解决了当前土地违法案件执行难的问题。

本案中，该市自然资源和规划局在法院受理强制执行申请后，依据《资源行政处罚办法》第三十八条第一款第（三）项之规定，可以结案，但结案时违法状态并未消除，这是当前土地执法普遍存在的现象，也是自然资源部门执法面临的重要难点。

本案中，人民法院强制执行后，按照最高人民法院关于“裁执分离”的规定，裁定由街道办事处实施拆除，但街道办事处以社会稳定、个人阻挠等原因，不积极、不主动，迟迟不予拆除。而该市自然资源和规划局无强制执行权，对街道办事处只能督促、协商。其间，曾多次与办事处沟通，督促尽快落实裁定内容，但办事处始终未执行拆除。最终形成了当前土地执法中普遍存在的现象：违法占地案件被依法查处，按程序强制申请，法院也受理了强制执行申请，但违法事实始终消除不了，存在执行落实的“最后一公里”。人民检察院及时介入，彻底打通了这“最后一公里”。人民检察院分别向街道办事处和该市自然资源和规划局下发了《检察建议书》，要求街道办事处主动履行法院拆除的裁定，要求该市自然资源和规划局主动督促配合。街道办事处收到建议书后，立即主动召开专题会议部署，制订拆除方案，通知违法当事人限期腾空。该市自然资源和规划局接到建议书后，再次主动对接办事处，共同研究拆除落实方案。在办事处积极组织实施下，该公司培训场地 3 日内被拆除复耕，实现了非法占地行为“违法案件查处到位，违法状态消除到位”。

通过本案例，可以对当前自然资源主管部门申请法院强制执行后，如何确保土地违法状态消除，带来如下三点启示。

一是自然资源主管部门应积极配合消除违法状态。依据《国土资源违法行为查处工作规程》16.3 条之规定，“结案后，有关部门开展与本案相关的强制执行、刑事责任、行政纪律责任追究等工作，需要国土资源主管部门配合的，国土资源主管部门应当予以配合”。

申请人民法院强制执行后，自然资源主管部门应与实施机关做好被执行对象的材料移交、配合工作，积极配合开展拆除复耕，避免因执行落实的“最后一公里”而造成违法状态长期存在。

二是自然资源主管部门要加强与检察机关协作配合。实践中，自然资源违法状态持续存在，和多部门工作程序衔接不畅有关。“裁执分离”制度一定程度上解决土地违法案件强制执行申请难问题，但裁定落实难问题又接踵而来。本案中，该市自然资源和规划局在人民法院裁定后，多次与法院、街道办事处衔接，人民检察院后介入，才确保执行到位。2021 年自然资源部与最高人民检察院开展自然资源主管部门与检察机关协作配合试点工作，至 2021 年年底，全国 31 个省区市和新疆生产建设兵团自然资源主管部门均与检察机关建立了行政执法与行政检察衔接工作机制。自然资源主管部门可以通过衔接机制，加强与检察机关沟通协作，通过检察机关非诉执行监督，推动政府、各部门形成合力，推动违法状态消除，真正打通消除违法状态的“最后一公里”。

（选送单位：自然资源部法规司）

34

某省市场监督管理局查处某品牌汽车垄断协议案

基本案情

2017年12月，原某省物价局经授权，对某公司（以下称当事人）涉嫌在省内某品牌汽车销售中存在垄断行为进行了调查。机构改革后，该案由该省市场监督管理局依法继续管辖。

经查，2015年6月至2018年2月，当事人通过召开经销商会议、巡店、微信通知等方式，要求省内经销商在互联网平台销售该品牌汽车时，统一按照各车型建议零售价进行报价，经销商不得擅自降低网络报价。2016年至2018年3月，当事人通过召开地区协力会、微信通知等方式限制经销商销售该品牌重点车型最低转售价格。

当事人通过多项管理措施实施了上述价格控制。主要包括：1. 将统一网络报价作为区域经理考核指标。2. 从2016年起要求经销商上传发票至当事人销售管理系统，组织专门人员对上传的发票进行检查，超出限价要求的，经销商必须说明原因。3. 对低价销售的经销商，当事人区域销售经理通过协力会、微信群和电话的方式告知会被削减下月相关车型配车。

在这种管理措施下，该省该品牌经销商也执行了当事人的限价政策。省内多地经销商被要求对出现的低价销售行为进行说明报备。当事人区域销售经理要求经销商相互监督销售价格，发现低价销售行为可以向其投诉举报，并进行干预，从而实施对经销商整车销售价格进行控制。根据执法机关对经销商的调查，该省经销商自2015年6月起均按照当事人要求将网络销售价格统一为各车型建议零售价。结合各地区经销商实际销售数据分析，虽然经销商销售价格不尽相同，但优惠幅度在每次限价要求后整体都会出现下降，当事人的价格控制效果较为明显。

处理结果

该省市场监督管理局于2019年11月20日，依据《行政处罚法》第三十一条①、第三十二条②、第四十二条③，以及《市场监督管理行政处罚听证暂行办法》第五条④的规定，告知当事人拟作出行政处罚决定的事实、理由及依据，并告知当事人依法享有陈述、申辩以及要求举行听证的权利。当事人在法定期限内未行使陈述、申辩权，也未要求举行听证。2019年12月6日，执法机关依据《反垄断法》第四十六条规定对当事人处以上一年度销售额2%的罚款，即87613059.48元。12月13日依法向当事人送达《行政处罚决定书》，12月19日当事人缴纳罚款，并表示将进一步规范企业经营行为，自觉维护市场竞争秩序和消费者合法权益，为广大消费者提供更多优质、满意的产品和服务。

---

① 已修订为2021年《行政处罚法》第四十四条规定。第四十四条："行政机关在作出行政处罚决定之前，应当告知当事人拟作出的行政处罚内容及事实、理由、依据，并告知当事人依法享有的陈述、申辩、要求听证等权利。"

② 已修订为2021年《行政处罚法》第四十五条规定。第四十五条："当事人有权进行陈述和申辩。行政机关必须充分听取当事人的意见，对当事人提出的事实、理由和证据，应当进行复核；当事人提出的事实、理由或者证据成立的，行政机关应当采纳。行政机关不得因当事人陈述、申辩而给予更重的处罚。"

③ 已修订为2021年《行政处罚法》第六十三条规定。第六十三条："行政机关拟作出下列行政处罚决定，应当告知当事人有要求听证的权利，当事人要求听证的，行政机关应当组织听证：（一）较大数额罚款；（二）没收较大数额违法所得、没收较大价值非法财物；（三）降低资质等级、吊销许可证件；（四）责令停产停业、责令关闭、限制从业；（五）其他较重的行政处罚；（六）法律、法规、规章规定的其他情形。当事人不承担行政机关组织听证的费用。"

④ 已修订为2021年《市场监督管理行政处罚听证办法》第五条规定。第五条："市场监督管理部门拟作出下列行政处罚决定，应当告知当事人有要求听证的权利：（一）责令停产停业、责令关闭、限制从业；（二）降低资质等级、吊销许可证件或者营业执照；（三）对自然人处以一万元以上、对法人或者其他组织处以十万元以上罚款；（四）对自然人、法人或者其他组织作出没收违法所得和非法财物价值总额达到第三项所列数额的行政处罚；（五）其他较重的行政处罚；（六）法律、法规、规章规定的其他情形。各省、自治区、直辖市人大常委会或者人民政府对前款第三项、第四项所列罚没数额有具体规定的，可以从其规定。"

案件解析

（一）案情分析

当事人与经销商处于该品牌汽车销售链条的不同环节，各自具有独立的法律地位，经销商为当事人交易相对人。当事人统一经销商网络报价、限定经销商转售商品最低价格的行为，属于与交易相对人达成并实施“固定向第三人转售商品的价格”“限定向第三人转售商品的最低价格”的垄断协议，违反了《反垄断法》第十四条的规定。

在办理纵向垄断协议案件中，重点要分析垄断协议对竞争的影响。一般认为纵向价格垄断协议能够产生效率，特别是供应商设定转售价格维持时，其效率主要体现在有利于分销商推销产品和防止“搭便车”的行为。由于我国实行的是汽车品牌经营管理模式，经销商销售汽车必须取得厂家的特许，按照厂家统一的门店设计、产品布展、售前服务的规范开设，一家店只经营一个品牌的汽车，经销商必须按照规定做好售前服务，努力推销产品，否则就无法生存，也几乎不存在经销商“搭便车”的现象。因此在汽车经销领域，纵向垄断协议积极作用较小，不能抵销对市场竞争的损害。具体到本案中，当事人凭借自身优势地位及严格的管理措施，对经销商作出的统一网络报价和对部分车型整车转售价格的限定，具有较强的约束力。当事人的行为排除、限制了市场竞争，损害了消费者利益。首先是排除、限制了品牌内的竞争。当事人的行为限制了经销商间的价格竞争，剥夺了经销商自主定价权，使资源无法得到合理配置，侵害了经销商的合法权益。其次是削弱了品牌间的竞争。在汽车品牌经销领域，尤其是高档品牌汽车，同级车之间保持着稳定的价格关系。当事人实施限价行为后，其他竞争品牌的价格优惠幅度也会收窄。随着与当事人类似行为的累积效应增加，各汽车品牌间的竞争会被明显削弱，最终破坏汽车市场竞争秩序。最后是损害了消费者利益。当事人的行为使消费者无法享受到因充分竞争而带来的好处，被迫去接受非竞争形成的价格，承担更高的购买成本，失去了自由选择权，损害了消费者的合法利益。

综合当事人违法行为的性质、程度和持续时间等因素，考虑到当事人积极配合调查，承认存在违反《反垄断法》的行为，主动整改，执法机关遂依据《反垄断法》第四十六条、第四十九条的规定，责令当事人停止违法行为，并决定对当事人处以上一年度销售额2%的罚款。

（二）法律适用

《反垄断法》第十四条规定："禁止经营者与交易相对人达成下列垄断协议：（一）固定向第三人转售商品的价格；（二）限定向第三人转售商品的最低价格；（三）国务院反垄断执法机构认定的其他垄断协议。"

第四十六条规定："经营者违反本法规定，达成并实施垄断协议的，由反垄断执法机构责令停止违法行为，没收违法所得，并处上一年度销售额百分之一以上百分之十以下的罚款；尚未实施所达成的垄断协议的，可以处五十万元以下的罚款。经营者主动向反垄断执法机构报告达成垄断协议的有关情况并提供重要证据的，反垄断执法机构可以酌情减轻或者免除对该经营者的处罚。行业协会违反本法规定，组织本行业的经营者达成垄断协议的，反垄断执法机构可以处五十万元以下的罚款；情节严重的，社会团体登记管理机关可以依法撤销登记。"

第四十九条规定："对本法第四十六条、第四十七条、第四十八条规定的罚款，反垄断执法机构确定具体罚款数额时，应当考虑违法行为的性质、程度和持续的时间等因素。"

（三）示范点

1. 本案调查工作细致、证据扎实。垄断行为较一般违法行为更为隐蔽，调查涉及面广、取证难度大。本案当事人的限价行为从不通过书面文件发布，调查取证十分困难。办案初期，由于省内该品牌汽车经销商存在一定顾虑，不愿提供当事人限价行为相关情况，案件调查一度受阻。办案部门及时调整调查思路，扩大调查范围，充分利用反垄断法"宽大政策"进行宣传攻心，最终取得了案件突破。执法人员调查了涉案地区所有该品牌汽车经销商，提取大量证据材料，对当事人违法行为进行详细梳理，不放过每一个细节。最大限度还原每次限价会议的背景、时间、地点、人物、内容，甚至参会人员落座位置、说话顺序等信息。形成完整证据链条，最终查明事实，当事人承认违法行为。

2. 本案创新分析方法。在判断当事人是否实施垄断协议时，办案部门首先建立了该品牌汽车经销商的销售数据库，与当事人每次限价要求进行比对，通过大数据及模型分析，判断垄断协议实施效果，为案件定性提供支撑，也为今后类似案件的办理探索了新的分析论证方法。在竞争损害效果分析方面，办案部门明确指出了当事人行为对品牌间价格竞争的损害。当事人在中国豪华汽车销售市场具有一定影响力，随着与当事人类似行为的累积效应增加，各汽车品牌间的竞争会被明显削弱，最终损害消费者利益。

3. 本案严格落实行政执法三项制度。调查伊始，执法机关即向当事人送达《反垄断调查通知书》，公开告知调查事项、当事人权利及执法部门义务。在调查过程中，执法人员严格遵守法定程序，通过执法记录仪、制作各类文书等多种形式，对执法全程客观记录，充分保障当事人的合法权利。调查结论及处理建议经过法制审核与执法机关负责人集体审议，并报国家市场监督管理总局认可，保证案件处理客观公正。办案中，执法机关充分听取当事人意见，依法告知当事人听证权利，当事人没有提出任何异议，在《行政处罚决定书》送达后，很快即缴清全部罚款。

4. 本案影响力较大。该案创下 2019 年全国省级反垄断执法最高处罚纪录。

5. 本案注重彰显反垄断执法的社会效果。执法机关在办案过程中坚持整规并举、标本兼治，更加注重指导企业整改规范，通过个案查处有效规范行业竞争秩序，全力营造公平竞争的市场环境。办案人员并没有满足于处罚金额到位而“案结事了”，而是为企业制订了为期 3 年的跟踪整改计划，持续指导帮助企业进行整改，后又专门组织省内 15 家经销商开展专题普法宣讲，深入解读国家最新发布的《关于汽车业的反垄断指南》，对经销商反垄断合规经营给出具体建议，为经销商提供更为清晰的指导和合理预期。当事人表示，其通过该案获得了一次深入的反垄断普法教育，在执法机关帮助下采取全面整改措施后，提高了合法经营水平，并促进了企业长远健康发展。

（选送单位：江苏省司法厅）

35

某农资经营部对应当审定未经审定的玉米品种A品种及B品种进行推广、销售案

基本案情

2019年4月10日，某市农业农村局农业行政执法人员对某农资经营部（经营者：陈某淦，以下称当事人）开展执法检查，发现当事人门市种子经营区域陈列展示的标称某公司的A品种及B品种玉米种子未标注品种审定编号，玉米属于《中华人民共和国种子法》（以下简称《种子法》）第九十二条第一款第（三）项规定的主要农作物，推广销售前应当依据《种子法》第十五条第一款的规定通过品种审定。处罚机关近年来连续多次通过多种方式宣传主要农作物品种需要审定的规定，当事人明知故犯，执法人员遂对涉案违法产品进行了扣押，并对当事人立案调查。

经调查，当事人购进A品种玉米种子20袋，每袋100克，价格4元/袋；B品种玉米种子5袋，每袋25克，价格1.5元/袋，已经销售A品种玉米种子3袋，销售价格5元/袋。

2019年4月29日，当事人向处罚机关送来3袋A品种玉米种子，称该3袋种子不是销售的，是给客户做示范用的，现将该种子收回，上交给处罚机关，并陈述申辩，一是存放在门市的种子，没有销售出去，不能认定为销售；二是给客户的3袋种子是示范种子；三是根据《农作物种子生产经

营许可管理办法》第三十五条的规定，鲜食玉米不是主要农作物，办案涉案种子为鲜食玉米，属于非主要农作物；四是违法产品数量只有2.125公斤，仅销售3袋，已全部收回并交给执法机关，没有造成危害后果，属于违法行为轻微并及时纠正、没有造成危害后果的情况，应该不予行政处罚。

处理结果

1. 没收A品种玉米种子2000克（20袋）、B品种玉米种子125克（5袋）；

2. 罚款20000元。

案件解析

（一）案情分析

长期以来，本地区存在执法误区，认为鲜食玉米属于非主要农作物，未有处罚先例；同时，在案件办理过程中，当事人提出的“存放在门市没有销售出去就不属于销售”等申辩意见，在执法实践中一直有分歧，各地处理不同，导致“同案不同罚”。本案办案人员依据相关法律规定及民法和行政法原理，对这些问题进行细致分析和研究，提出解决办法。

1. 本案当事人存放在门市的种子，能不能定性为销售

办案人员认为，种子经营者将种子存放在门市，不能武断地认定就是销售行为，关键要看是否被特定化。如果当事人将存放在门市的产品进行特定化，如放置在退货区并标注“本品不销售”等，不能认定为销售。本案当事人将涉案种子与其他待售种子陈列在一起，向不特定对象展示，是发出要约或者要约邀请，应当认定为销售行为。

2. 本案当事人是否属于对种子进行试验示范

根据国家品种审定试验的规定及原农业部对类似问题的答复意见，种子试验示范有一定的规程和要求，试验示范用种不得进行销售。本案当事人对涉案种子进行了事实上的销售，不能认定为试验示范。

3. 本案当事人是否适用不予处罚的规定

当事人在执法人员查处违法行为后才将销售出去的违法产品召回，显然不能简单地认定为违法情节轻微并及时纠正，也不能认定为没有造成危害后果。违法行为的危害后果不仅仅是实害后果，还包含违法行为对社会认知的危害，本案当事人公然销售未经审定的玉米种子，势必会让社会大众产生销售未经审定玉米种子是合法行为的错误认识。再者，违法者在违法行为被发现后，将违法产品收回就不予处罚，如果每个违法案件的当事人都这么做，处罚的适用将会很困难。就本案当事人来说，如果其购进违法产品后没有陈列展示，没有销售，认识到产品违法后立即退回或者上交执法机关处理，当事人之外的人不知道当事人采购过涉案违法产品，那么可认定其违法情节轻微并及时纠正，没有造成危害后果。就调查的事实，本案当事人不能适用《行政处罚法》第二十七条第二款“违法行为轻微并及时纠正，没有造成危害后果的，不予行政处罚”的规定[①]。按照农业农村部办公厅关于种子法有关条款适用的意见，只要销售未经审定种子的行为存在，不论数量多少，都应处罚。

4. 本案玉米种子是否属于非主要农作物

《农作物种子生产经营许可管理办法》第三十五条规定：“申请领取鲜食、爆裂玉米的种子生产经营许可证的，按非主要农作物种子的许可条件办理。”该规定调整的是申请种子生产经营许可证时的许可条件，不是将鲜食、爆裂玉米定性为非主要农作物，鲜食、爆裂玉米仍然属于《种子法》第九十二条第（三）项规定的主要农作物。

5. 如何合理评价当事人的行为

本案当事人在执法人员多次宣传未经审定的农作物品种不能推广销售之后，仍然销售未经审定的玉米种子，违法性质恶劣，理应从重处罚。但是当

---

① 已修订为2021年《行政处罚法》第三十三条规定。第三十三条：“违法行为轻微并及时改正，没有造成危害后果的，不予行政处罚。初次违法且危害后果轻微并及时改正的，可以不予行政处罚。当事人有证据足以证明没有主观过错的，不予行政处罚。法律、行政法规另有规定的，从其规定。对当事人的违法行为依法不予行政处罚的，行政机关应当对当事人进行教育。”

事人违法后能够将销售的种子召回并上交到执法机关，主动减轻了违法行为的危害后果，符合《行政处罚法》第二十七条第一款第（一）项[①]的规定，因该规定属于法定从轻减轻，应优先适用。同时考虑到本案货值只有几十元，没有造成实害结果，于情于理应当从轻处罚。当事人既有法定从轻减轻及酌定从轻处罚的情节，又有酌定从重处罚情节，处罚机关综合以上因素，按照法定优先及有利于当事人原则，最后决定对当事人从轻处罚。

（二）法律适用

1. 定性依据

《种子法》第九十二条第一款第（三）项规定："主要农作物是指稻、小麦、玉米、棉花、大豆。"

《种子法》第十五条第一款规定："国家对主要农作物和主要林木实行品种审定制度。主要农作物品种和主要林木品种在推广前应当通过国家级或者省级审定……"

《种子法》第二十三条第一款规定："应当审定的农作物品种未经审定的，不得发布广告、推广、销售。"

根据相关规定，示范是农业技术推广的一种形式，种子示范是种子推广的一个环节。以"示范用种"的名义销售种子的，应当认定为经营、推广行为。

2. 裁量依据

《行政处罚法》第二十七条第一款第（一）项规定，当事人有下列情形之一的，应当依法从轻或者减轻行政处罚：（一）主动消除或者减轻违法行为危害后果的。[②]

---

① 已修订为2021年《行政处罚法》第三十二条规定。第三十二条："当事人有下列情形之一，应当从轻或者减轻行政处罚：（一）主动消除或者减轻违法行为危害后果的；（二）受他人胁迫或者诱骗实施违法行为的；（三）主动供述行政机关尚未掌握的违法行为的；（四）配合行政机关查处违法行为有立功表现的；（五）法律、法规、规章规定其他应当从轻或者减轻行政处罚的。"

② 已修订为2021年《行政处罚法》第三十二条规定。第三十二条："当事人有下列情形之一，应当从轻或者减轻行政处罚：（一）主动消除或者减轻违法行为危害后果的；（二）受他人胁迫或者诱骗实施违法行为的；（三）主动供述行政机关尚未掌握的违法行为的；（四）配合行政机关查处违法行为有立功表现的；（五）法律、法规、规章规定其他应当从轻或者减轻行政处罚的。"

《农业农村部办公厅关于种子法有关条款适用的意见》规定："三、《种子法》第七十八条仅对推广、销售未经审定主要农作物品种的行为作了处罚规定，但对数量没有规定。对市场检查中出现的推广、销售少量未经审定品种的行为应如何处理？根据《种子法》第二十三条、第七十八条的规定，只要存在推广、销售未经审定主要农作物品种的违法行为，就应当予以处罚，经营、推广未经审定品种的数量不是定性的依据。但经营、推广的种子数量可以作为认定违法行为情节轻重的依据之一，在确定罚款幅度时予以考虑。"

3. 处罚依据

《种子法》第七十八条第一款第（一）项规定："对应当审定未经审定的农作物品种进行推广、销售的。"

（三）示范点

1. 当事人陈述申辩的理由具有代表性，是执法的易错点，也是该本地区农业行政执法系统一直没有办理过该类案件的原因和症结所在。不少农资经营者认为存放在门市没有销售出去就不是销售、将销售出去的产品收回来就不应该再处罚、鲜食玉米不属于主要农作物等。这些错误的观念不仅存在于农资经营者，部分执法人员因法律素养不够，对准确处理上述问题也没有把握，导致违法推广、销售未审定鲜食玉米品种问题长期得不到解决。这些问题需要具体的处罚案件来突破，本案的查处对这些错误的观念进行了有力的回应。

2. 本案是本地区农业行政执法系统办理的第一起对推广销售未审定鲜食玉米违法行为进行处罚的案件，对困扰执法人员的疑难问题进行了回应，具有示范指导作用，是本地区农业行政执法机关今后办理该类案件的参考。

（选送单位：农业农村部法规司）

36

擅自占用城市道路经营“包容免罚”案

基本案情

2019年6月12日，某试验区某片区综合监管执法支队（以下简称执法支队）接到匿名举报电话。办案单位立即指派执法人员赶赴现场进行核查。

经实地调查：当事人陈某将车体上有“免费加工”字样并配备有炉盘、煤气罐的自家厢式货车，停在某路南北方向人行道上，正加工售卖海鲜，货车旁铁架上放置有海螺、海锥、蚬子等海鲜产品；陈某既不能提供进货查验记录，也不能出示有效许可证明。陈某称“现场加工海鲜售卖是为了维持生计，刚经营不久，游客少，只挣取80余元”。

执法人员制作了现场检查笔录，下达了《包容免罚通知书》，责令其立即停止占道摆摊设点经营的违法行为。6月13日，执法人员再次现场检查，陈某已到指定区域规范经营。

处理结果

依据《某省城市市容和环境卫生管理规定》第十一条“（八）擅自占用城市道路开办集贸市场、摆摊设点、堆放物品”、第三十一条“责令当事人停止违法行为……对经营性行为且有违法所得的，处违法所得1倍以上3倍以下罚款，最高不得超过3万元”的规定，陈某应当受到相应的行政处罚。经过对案情的分析和判定，某片区执法支队依据入选《国务院关于做好自由贸易试验区第六批改革试点经验复制推广工作的通知》全国复制推广的《中国（某省）自由贸易试验区某片区包容免罚监管及〈包容免罚事项清单〉实施办法》（以下简称《包容免罚实施办法》）的规定，对当事人免予罚款的处罚。

案件解析

（一）案情分析

1. 关于文书的下达。《行政处罚法》第二十三条规定：“行政机关实施行政处罚时，应当责令当事人改正或者限期改正违法行为。”[①]《包容免罚实施办法》第十一条规定：“实施‘包容免罚监管’可以适用简易程序，由执法人员现场制作《免罚决定通知书》，当场交付当事人。”以上规定对占用城市道路摆摊设点的行为依法取缔即可，所以只下达了《包容免罚通知书》。

2. 关于违法所得的计算。各类案件对违法所得的计算不同，有“利润说”，有“收入说”，本案涉及食品的违法所得数额的认定应当是当事人所销售的违法食品的全部营业性收入，即包括当事人经营食品的进货成本和所得利润。以全部销售收入计算更能体现对危害性行为的严惩。本案中当事人无销售记录，也无充分证据证明当事人还有其他违法所得，故违法所得按 80 元计算，涉案金额较小。

3. 关于进货查验。当事人经营海鲜数量小，属于流动摊贩的临时性采购，要求其提供采购时的进货凭证，既不现实也不符合海鲜市场的交易习惯。当事人主要是依照日常经验查看生鲜产品新鲜度、完好性，以确定是否合格，已尽到进货查验义务。

4. 关于免予罚款的处罚。实施行政处罚、纠正违法行为应当遵循教育与处罚相结合的原则，教育公民、法人或其他组织自觉守法。本案中，经营者首次违法，能够通过整改措施予以纠正，非主观故意，违法行为尚未造成严重后果，决定免予罚款的行政处罚。

---

① 已修订为 2021 年《行政处罚法》第二十八条规定。第二十八条：“行政机关实施行政处罚时，应当责令当事人改正或者限期改正违法行为。当事人有违法所得，除依法应当退赔的外，应当予以没收。违法所得是指实施违法行为所取得的款项。法律、行政法规、部门规章对违法所得的计算另有规定的，从其规定。”

（二）法律适用

根据《行政处罚法》第二十七条第二款规定“违法行为轻微并及时纠正，没有造成危害后果的，不予行政处罚”[①] 及《包容免罚实施办法》第二条“对经营者免除罚款处罚，不影响警告、没收非法财物、责令停产停业及法律、行政法规规定的其他行政处罚的实施”的规定，做出不予罚款、立即停止占道经营的行政处罚。

“包容免罚”监管模式的确立既是一项创新举措，同时也是服务经营者的具体体现，改变了“重罚款、轻规范”的不良行政执法观念，通过宣传教育引导经营者纠正初次轻微的违法行为，在实现有效监管防控的同时，最大限度减轻经营者负担，充分体现自贸区的柔性监管与服务相统一的监管理念。

（三）示范点

该案有两种不同处理方式。

一是当事人摆摊加工海鲜出售的违法行为，应按未取得食品经营许可从事食品经营活动进行立案查处。理由是 2018 年《中华人民共和国食品安全法》（以下简称《食品安全法》）第三十五条第一款规定：“国家对食品生产经营实行许可制度。从事食品生产、食品销售、餐饮服务，应当依法取得许可。但是，销售食用农产品，不需要取得许可。”第一百二十二条第一款同时规定：“……违法生产经营的食品、食品添加剂货值金额不足一万元的，并处五万元以上十万元以下罚款……”食用农产品是在农业活动中直接获得及经过分拣、去皮、剥壳、粉碎、清洗、切割、冷冻、打蜡、分级、包装等加工，但未改变其基本自然性状和化学性质的产品。本案中的海鲜已经过水煮、加热的方式改变了基本自然性状和化学性质，已不属于食用农产品，当事人提

---

① 已修订为 2021 年《行政处罚法》第三十三条规定。第三十三条：“违法行为轻微并及时改正，没有造成危害后果的，不予行政处罚。初次违法且危害后果轻微并及时改正的，可以不予行政处罚。当事人有证据足以证明没有主观过错的，不予行政处罚。法律、行政法规另有规定的，从其规定。对当事人的违法行为依法不予行政处罚的，行政机关应当对当事人进行教育。”

供两个凳子供消费者就餐时使用，当事人的经营行为已属餐饮服务的经营业态，应按《食品安全法》第一百二十二条处罚。

二是当事人在城市道路加工出售海鲜的行为，属擅自占用城市道路摆摊设点的行为，应按照《某省城市市容和环境卫生管理规定》第三十一条规定查处。理由是当事人无固定的经营门店，无独立的食品加工操作和就餐场所，通过现场加工制作，向消费者提供速食食品，不属于餐饮经营者，其行为应当按照占道经营处理。

因此，片区执法支队采取第二种处理方式，当事人经营的品种单一，无固定场所，不属于餐饮服务提供者，不应按《食品安全法》进行处理。本案依据《某省城市市容和环境卫生管理规定》规范其经营行为。

同时，在片区领域内大量经营者设立时间不长，法制意识不强，容易触碰法律红线，很多都是首次违法，属于无心之失。如果一概予以行政处罚，并记入失信名单，不仅过罚失当，甚至可能会严重影响经营者发展，故在本案中，执法人员对当事人的行为适用《包容免罚实施办法》。

（选送单位：辽宁省司法厅）

37

某公司知识产权服务费逃汇案

基本案情

某公司注册成立于1992年，为境外某公司境内全资子公司，经营范围包括防腐设备、铁工附件等。2014年至2018年，该公司向境外母公司支付服务贸易项下费用29笔，金额合计345.54万美元，涉及利润汇出、管理咨询费支出、技术转让费支出等多个交易项目。其中，基于母公司的橡胶生产技术，支付技术提成费5笔、金额合计约为194.55万美元。经当地外汇局与税务局联合调查，确认某公司在计提前述橡胶技术使用费时，将不属于橡胶技术的铁制产品收入也纳入计提范围，造成多计提技术使用费102.74万元人民币，存在多计费用、减少利润、少缴企业所得税，导致服务贸易项下多支付技术使用费的违规事实。

处理结果

2020年1月6日，外汇局依据《外汇管理条例》第三十九条“有违反规定将境内外汇转移境外，或者以欺骗手段将境内资本转移境外等逃汇行为的，由外汇管理机关责令限期调回外汇，处逃汇金额30%以下的罚款；情节严重的，处逃汇金额30%以上等值以下的罚款；构成犯罪的，依法追究刑事责任”的规定，对某公司逃汇行为处以罚款人民币5.14万元。

案件解析

（一）案情分析

外汇局监测发现，某公司频繁向其境外母公司付汇，深入调查交易背景后了解到，某公司与其母公司1993年签订合作协议，约定采取入门费加提成方式获得外方的设计、制造等知识产权，提成费为产品销售额的5%、提成比例每10年重新确定一次；截至调查日，该合同已于2002年和2011年更新过两次，但提成比例一直未发生变化。案情涉及的5笔技术提成费付汇，是分别基于2013年至2017年公司年度总销售额计提的，金额合计约194.55万美元。当地外汇局进一步对某公司产品销售情况核实发现，其总销售额中除了橡胶类产品销售收入，还包含铁工产品的销售收入，而铁工产品与外方所提供的技术支持无关。

（二）法律适用

本案中某公司对铁工产品销售收入计提橡胶产品相关技术提成费，将与基础交易实际不符的外汇资金汇出境外的行为，违反了《外汇管理条例》第十二条“经常项目外汇收支应当具有真实、合法的交易基础”的规定，应依据第三十九条“有违反规定将境内外汇转移境外，或者以欺骗手段将境内资本转移境外等逃汇行为的，由外汇管理机关责令限期调回外汇，处逃汇金额30%以下的罚款；情节严重的，处逃汇金额30%以上等值以下的罚款；构成犯罪的，依法追究刑事责任”的规定进行处罚。

（三）示范点

1. 判别交易合理性。纵向对主体全貌和交易背景深入挖掘，通过分析被核查主体业务全景、财务状况、经营情况、交易类别、关联方情况等，综合判断其业务是否异常。案例中，外汇局与税务局通过联合调查，围绕知识产权相关费用计提的账务记录开展细致分析。根据合同约定，母公司向某公司橡胶制品的设计、制造收取知识产权费。财务数据分析发现，某公司技术费用提成是基于总销售额计算的，其中不仅包括橡胶制品销售额，还包括不涉及知识产权的铁工制品销售额。因此，某公司对母公司多支付了知识产权费用。

2. 落实违规定性处罚。该企业5%的知识产权费用计提比例为1993年确定，外方的橡胶制品设计、制造技术价值在20多年间已明显贬值，计提比例多年维持不变欠合理，企业存在通过虚增知识产权费用支出从而减少利润、降低纳税额的违规行为。通过协同监管，税务局从税收角度对某公司存在的问题进行了违规定性，确认知识产权费用计提基数有误，造成已计提支付费用高于应计提费用的事实。在此基础上，外汇局对企业立案查处，从资金收付角度对某公司多计提知识产权费用对外支付构成逃汇的事实进行了认定依法处以人民币5.14万元罚款。

（选送单位：国家外汇管理局经常项目管理司）

38

某生物燃料有限公司虚开发票行政处罚案

基本案情

某生物燃料有限公司经营范围为农作物秸秆、木屑，收购生物质颗粒、生物炭块、炭末及煤炭销售；经营状态为非正常。经向法人代表、财务人员和其他相关人员了解，确认企业实际控制人为兰某恒。

根据某自治区税务局2019年虚开源头企业快速反应第六批风险任务及某税务局提供的资料，执法人员于2019年9月17日起到某市税务局稽查局通过随机系统派两名检查人员进行检查取证，于2019年9月17日下发了检查通知书。

通过实地走访，调查生产设备参数复盘生产经营情况，排查被收购农产品的农民等手段，推断某生物燃料有限公司没有真实生产，不存在真实货物购销，符合虚开增值税专用发票犯罪基本要件，以认定虚开及时移送公安机关进行查处。

处理结果

经过某市税务局重大税务案件审理委员会审理，重大税务案件审理委员会同意稽查局对涉税违法行为的定性和处理意见。认定某生物燃料有限公司涉嫌虚开增值税发票，出具处理处罚决定后，按规定移送公安机关侦办。

案件解析

（一）案情分析

2019年8月，主管税务局接到上级税务局推送的显示某生物燃料有限公司涉嫌虚开发票的快速反应风险任务。经核实确认该企业开具农产品收购发票62份（金额5844763元），开具增值税专用发票45份（金额4495619.25元，税额584430.75元），存在涉税风险疑点。2019年9月将案件移送稽查局，案源管理部门受理后迅速启动了稽查程序。

1. 关于运营人员情况

根据走访调查，法人代表王某全未参与企业的任何生产经营，对企业经营情况一概不知情，称兰某恒借用其身份证号注册某生物燃料有限公司。财务负责人白某娜到案自述承认其领取增值税专用发票（销售），并按照兰某恒提供的合同和要求开具了增值税专用发票制作出库单，但对原料采购、货物销售、采购款支付情况并不知情，在厂期间未见过企业生产，也未见到有产成品。实际控制人兰某恒经电话联系，始终以各种理由不到案。

2. 关于企业生产及开票情况

（1）从生产来看，产耗能严重不匹配。根据该企业于2019年7月12日至7月18日开票情况来看，开具增值税专用发票（销售）75份，正常45份，作废30份，发票金额4495619.25元，税额584430.75元。经过市场调研企业极限生产，日生产量需要达到62吨，约需原料（干木屑）120吨，约需要3条生产线3个月每日24小时开工，单日用电约1860千瓦。税务局调查显示该企业只有一条生产线，柴油耗用不足百元，未单独开户，税务局调查和检查人员现场调查了解，确认企业用电是通过场地（院落）中用户名为“潘某军养殖”的电表，该用电户4月至7月共发生电费444.54元，817度。以上，产能耗严重不相符，检查人员认为企业未生产与销售发票一致的真实货物。

（2）从原材料收购发票追查显示收购事实不存在。该企业2019年7月31日代开收购农产品发票（原料采购）62份，发票显示，企业自成立3个月内收购秸秆、废木料、木屑共计7747吨（日采购平均当量约86吨），供货人为周边农村农业户口人员，共计45人。经向公安机关核实，人员及户籍信息属实。税务局调查显示兰某恒也不能提供供货人员基本信息，自述货物由李某芳等农民自行用农用三轮送货上门。检查人员随机抽取16人调查，两人无法找到。李某芳与接受调查的13人皆自述从未与某生物燃料有限公司有过任何生意往来，且对某生物燃料有限公司以其身份信息开具发票行为并不知情。经调查，涉案地农作物秸秆产量低，主要自用于养殖，且无废木料、木屑原料市场。收购发票金额合计5844763元，其中56份单笔交易都在9万余元（发票为10万元版），开户银行无付款记录，税务局调查兰某恒自述货款为现金，由白某娜支付，税务局调查及白某娜到案自述否认其支付过货款。收购发票显示的开票人沈某珍无法联系。其他未采样调查人员涉案发票开具情形与采样调查人员涉案发票高度一致，检查人员认为企业未取得与发票一致的货物，收购农产品发票为虚开。

（3）该企业与下游企业未发生真实的货物交易。企业销售下游企业为某洗煤厂，某县主管税务局认定该厂有虚开增值税专用发票行为，且通过异地协助平台发来查询信息。企业开户银行无收讫货款记录，税务局调查兰某恒自述货款尚未收到，企业无法提供货物运输信息资料。检查人员认为该企业未与下游企业发生真实的货物交易。

3. 当事人的意见和主张

实际控制人兰某恒拒不到案。法人代表王某全称身份被盗用，不参与企业经营，不知企业情况。财务负责人白某娜虽负责领票开票但开具情况均是根据兰某恒指示进行，其他一概不知情。

（二）法律适用

《刑法》第二百零五条规定，虚开增值税专用发票或者虚开用于骗取出口退税、抵扣税款的其他发票的，处3年以下有期徒刑或者拘役，并处2万元以上20万元以下罚金；虚开的税款数额较大或者有其他严重情节的，处3年以上10年以下有期徒刑，并处5万元以上50万元以下罚金；虚开的税款数额巨大或者有其他特别严重情节的，处10年以上有期徒刑或者无期徒刑，并处5万元以上50万元以下罚金或者没收财产。单位犯本条规定之罪的，对单位判处罚金，并对其直接负责的主管人员和其他直接责任人员，处3年以下有期徒刑或者拘役；虚开的税款数额较大或者有其他严重情节的，处3年以上

10 年以下有期徒刑；虚开的税款数额巨大或者有其他特别严重情节的，处 10 年以上有期徒刑或者无期徒刑。虚开增值税专用发票或者虚开用于骗取出口退税、抵扣税款的其他发票，是指有为他人虚开、为自己虚开、让他人为自己虚开、介绍他人虚开行为之一的。

根据《最高人民法院关于适用〈全国人民代表大会常务委员会关于惩治虚开、伪造和非法出售增值税专用发票犯罪的决定〉的若干问题的解释》第一条规定，具有下列行为之一的，属于虚开增值税专用发票：（1）没有货物购销或者没有提供或接受应税劳务而为他人、为自己、让他人为自己、介绍他人开具增值税专用发票……

《最高人民检察院、公安部关于经济犯罪案件追诉标准的规定》① 第五十三条规定，虚开增值税专用发票或者虚开用于骗取出口退税、抵扣税款的其他发票，虚开的税款数额在 1 万元以上或者致使国家税款被骗数额在 5 千元以上的，应予追诉。

《行政执法机关移送涉嫌犯罪案件的规定》第三条规定："行政执法机关在依法查处违法行为过程中，发现违法事实涉及的金额、违法事实的情节、违法事实造成的后果等，根据刑法关于破坏社会主义市场经济秩序罪、妨害社会管理秩序罪等罪的规定和最高人民法院、最高人民检察院关于破坏社会主义市场经济秩序罪、妨害社会管理秩序罪等罪的司法解释以及最高人民检察院、公安部关于经济犯罪案件的追诉标准等规定，涉嫌构成犯罪，依法需要追究刑事责任的，必须依照本规定向公安机关移送。"

（三）示范点

1. 不能单一依靠大数据对比筛选，会造成案件流失

此案为某市首发，作案人利用农产品收购免税，允许抵扣销项税政策，注册成立生物能源生产企业。一方面虚假代开免税农产品收购发票备抵进项税，避免大数据环境下购卖进项税易被发现的连带风险。另一方面虚假开具增值税

① 现已失效。

专用发票牟利。掌握进销项税平衡点，抵扣内循环，既无须真正生产，又较“暴力虚开”隐蔽，成功避开大数据逻辑对比。具备暴露风险低、成本小、获利快的违法需求典型特征。案件的侦破拓展了某市防控虚开风险基本面，新能源生产企业、农产品收购发票、税负率都能成为新的风险模型要素。后发的类型企业也必定能及时得到管理关注，从源头有效防范此类作案手段在某市再现。

2. 注重多维度配合开展检查工作，避免没有检查权限而造成滥用职权过失

此案中，作案人伪造生产现场，检查中关闭注册经营场所逃避，没有账务，相关人员知情片段化且不能提供实质证据，当事人调查和直接证据缺失无法满足检查，对检查推进形成极大阻力。办案人员集思广益，集成运用执法资源，在多个环节获得司法机关、综合执法机构、基层自治组织的协助。多维度锁定证据，综合运用了市场调研分析、第三方证据公允性推演、生产链条验证等方法进行证据固定。在各部门配合下，确定了违法事实，并据此对非法事实定性。但在办案过程中注意检查职权范围，避免违反检查权限，造成程序错误。

（选送单位：内蒙古自治区司法厅）

39

曾某云等涉嫌拒不执行紧急状态下的决定、命令案

基本案情

2020 年 1 月 28 日，违法行为人曾某云、袁某由某县返回某镇家中，在居家隔离观察 14 天期间，未遵守规定，于 2020 年 2 月 2 日私自驾车离开隔离观察点，并伪造居家隔离的证据，在 2020 年 2 月 4 日返回，后被公安机关查获并依法处理。

处理结果

经所在市公安局依法受理后，提取了物业管家和曾某云的微信聊天记录，查实物业人员有告知相关居家规定，提取了曾某云伪造居家隔离视频的证据，调取了车辆行驶轨迹，结合案件事实，证实曾某云、袁某的行为违反了某市相关通告的规定，私自驾车外出接人，严重破坏了某市防疫工作的正常开展，并造成了恶劣的社会影响，其行为已构成拒不执行紧急状态下的决定、命令，且情节严重，根据《中华人民共和国治安管理处罚法》（以下简称《治安管理处罚法》）第五十条第一款第（一）项之规定，对曾某云、袁某作出行政拘留 5 日的行政处罚。

案件解析

（一）案情分析

2020 年 1 月 24 日，根据《某省突发公共卫生事件应急预案》，该省启动重大突发公共卫生事件一级响应。1 月 27 日，某市发布第二号通告，要求所有 1 月 13 日以来从某地来市、返市人员均应到住所地居民委员会（村民委员会）或酒店前台登记，从抵达该市起居家医学隔离观察 14 天，每天一报状况，并全力配合相关部门管理。

2020 年 1 月 28 日，曾某云、袁某从要求报备地返回，相关防疫工作人员及时告知该二人应居家隔离 14 日，并遵守关于防疫的各项隔离规定。但该二人在居家隔离期间尚未排除病毒感染可能的情况下，无视政府通告要求和相关居家隔离规定，上传虚假居家隔离视频，擅自于 2 月 2 日驾车离开隔离住所到要求报备地接送多人返回，造成病毒交叉感染的潜在风险，且扰乱了疫情防控工作秩序。

（二）法律适用

《治安管理处罚法》第五十条第一款第（一）项规定，拒不执行人民政府在紧急状态情况下依法发布的决定、命令的，处警告或者 200 元以下罚款；

情节严重的，处5日以上10日以下拘留，可以并处500元以下罚款。

此处法条中的“紧急状态”应作广义理解，不能理解为仅适用于国家层面的“紧急状态”，因为从立法目的来看，设置《治安管理处罚法》第五十条第一款第（一）项的规定，是为了确保各级人民政府的决定、命令得到有效执行。各级人民政府作出的决定、命令不仅仅是针对国家层面的“紧急状态”，而且各级人民政府在行使行政职能，管理社会事务过程中，对于本辖区内发生公共卫生灾难、生态环境灾难等紧急情况时，也有权发布决定、命令等规范性文件，以便迅速处置紧急情况。针对当时严峻的疫情形势，市人民政府按照某省政府突发公共卫生事件一级响应的要求，在本行政区内发布第二号通告，采取的防控疫情措施，应当视为紧急状态下的决定、命令。

曾某云、袁某肆意违反当地人民政府关于疫情的防控规定，在隔离期间私自驾车外出接人，严重破坏了防疫工作的正常开展，造成了恶劣的社会影响，该二人的行为违反了《治安管理处罚法》第五十条第一款第（一）项的规定，构成拒不执行紧急状态下的决定、命令，应依法予以治安处罚。

（三）示范点

案发后，法制部门提前介入引导调查，快速厘清案情，为办案民警准确定性违法行为，指明取证方向。办案民警第一时间扣押了违法嫌疑人的手机，依法提取了物业管家和曾某云的微信聊天记录，固定了曾某云伪造居家隔离的证据，有效防止了客观证据流失。通过询问违法行为人曾某云、袁某和证人物业管家等人，调取车辆行驶轨迹，获取了充分的证据，认定曾某云、袁某二人拒不执行紧急状态下的决定、命令的违法行为事实清楚、证据确凿。在量罚时，坚持以事实为根据，以法律为准绳，准确认定违法行为性质、情节，在确保案件依法快速处理的同时，实现了社会效果与法律效果的双统一。

根据疫情防控需要，办案民警在对违法嫌疑人、证人进行询问时，详细问明了往返过程中每辆车上的乘坐人员信息、行车途中人员是否下车、相关人员的接触史和隔离情况，结合提取的相关车辆轨迹信息，在筑牢案件证据链条的同时，为下一步疫情防控工作获取了准确的数据。

（选送单位：福建省司法厅）

40

某公司污染源自动监控数据造假和烟气污染物超标排放案

基本案情

2019 年 10 月，某省生态环境厅根据污染源现场巡查社会化环境机构的巡查情况，确定了 2019 年下半年疑似在线监测数据造假的重点排污单位，同时调配智能监控系统的技术力量，精确锁定了疑似造假点位。

2019 年 10 月 16 日，该省环境执法监督局会同某市生态环境局、有关技术支持单位及第三方监测机构，对疑似造假单位（某公司）进行了突击检查，查实了该公司存在的污染源自动监控数据造假和烟气污染物超标排放的违法行为，依法进行了处理处罚，有力地打击了环境违法行为，产生了良好的执法效应。

（一）基本情况

某公司共有 5 条生产线、3 个废气排放口，分别为 1#废气排放口（1 号、2 号、3 号、5 号生产线干燥废气排放口）、2#废气排放口（1 号、2 号、3 号、5 号生产线辊道窑尾气排放口）、3#废气排放口（4 号生产线干燥及窑炉尾气排放口）。3 个废气排放口共建有 3 套烟气污染源自动监控设施，均由广州某公司承建，且使用该公司生产的 EST－CEMS－1000 型烟气排放连续监测系统，1#、3#排气口烟气污染源自动监控系统使用广州某公司开发的 V1.5.0.3

版本的数据处理软件，2#排气口烟气污染源自动监控系统使用深圳某公司的CEMS数据处理软件。3台烟气污染源自动监控设施均由武汉某公司负责运维。

（二）查实问题

1. 某公司1#、3#废气排放口污染源自动监控系统自带的数据处理软件均具备数据造假功能（可人为设定并模拟在线监测数据）。其中，1#废气排放口的在线监控系统工控机在8月15日至9月11日被人为设置颗粒物在线数据为定值$10mg/m^3$，且在±5%范围内波动；拔下传输串口后，工控机端仍显示有$10mg/m^3$左右的数值。

2. 2#废气排放口污染源自动监控系统未正确设置参数。一氧化氮转化为氮氧化物时，转换系数设置为1.34（正确设置为2.05），致使氮氧化物浓度缩小了1.53倍；烟气流速公式设置为当烟气温度大于20℃时，流速在0.5基础上波动；10月15日的颗粒物小时均值在5.3至$39.8mg/m^3$，但日均值显示为$2mg/m^3$。

3. 3#废气排放口污染源自动监控系统工控机颗粒物量程故意设置错误。采样平台颗粒物采样探头量程为$500mg/m^3$，而工控机颗粒物量程设置为$200mg/m^3$，测量结果减少近60%。

4. 3#分析仪校准误差大。测试二氧化硫271ppm（$775.06mg/m^3$）标气，实测结果为$659.86mg/m^3$，数据偏低14.86%，远超过5%的误差范围要求。

5. 3#采样平台温压流采样探头、烟气采样探头严重腐蚀，长期未维修。

6. 自动监控系统有参数修改记录。现场虽未查到修改二氧化硫、氮氧化物在线监测数据的痕迹，但据软件评测中心的初步鉴定结果，系统存在修改二氧化硫、氮氧化物参数的日志。

7. 烟气污染物超标排放。经现场取样监测，监测报告显示该公司2号废气排放口颗粒物排放浓度超标。

（三）调查取证

2019年10月16日，原某省环境监察总队会同某市生态环境局对某公司环境违法行为进行了调查取证，制作了调查询问笔录、现场勘察记录等行政执法文书，拍摄了视频和照片等证据，锁定了环境违法行为责任人。同时，某市生态环境综合执法大队连夜依法对某公司3套烟气污染源自动监控仪器及站房进行了查封。2019年10月17日，原某省环境监察总队将扣押的某公司1#和3#烟气污染源自动监控系统工控机送至具有相关司法鉴定资质的软件评测中心进行了初步司法鉴定。

处理结果

2019年11月6日，该省生态环境厅对该市生态环境局下发了监察通知，要求该市生态环境局对某公司存在的自动监控数据作假、烟气污染物超标排放等违法行为依法予以处罚，并委托相关机构对该公司违法行为进行司法鉴定。

根据该省软件评测中心出具的《初步鉴定报告》，该案件已涉嫌刑事犯罪，该市生态环境局于2019年11月27日将该案件移交公安局。目前，公安局已将该案犯罪嫌疑人的行为认定为破坏计算机信息系统罪，并将该案向人民检察院移送起诉。

2020年4月26日，该市生态环境局对某公司篡改污染源自动监控数据和废气超标排放违法行为作出行政处罚，责令该公司立即改正违法行为，分别处以罚款69万元和41万元，合计110万元罚款。

案件解析

（一）案情分析

1. 某公司涉嫌污染源自动监控数据弄虚作假违法行为。该公司数据处理软件可以人为设定并模拟在线监测数据。其中，1#废气排放口在线监控系统工控机在8月15日至9月11日被人为设置颗粒物定值为10mg/m^3，控制在±5%范围内波动；拔下传输串口，工控机端仍显示有10mg/m^{3}左右的数值。

2. 某公司存在烟气污染物超标排放违法行为。经现场取样，送第三方检测机构检测，监测结果表明该公司2#废气排放口烟气污染物排放浓度超标。

（二）法律适用

《大气污染防治法》第九十九条规定："违反本法规定，有下列行为之一的，由县级以上人民政府生态环境主管部门责令改正或者限制生产、停产整治，并处十万元以上一百万元以下的罚款；情节严重的，报经有批准权的人民政府批准，责令停业、关闭：……；（二）超过大气污染物排放标准或者超过重点大气污染物排放总量控制指标排放大气污染物的；（三）通过逃避监管的方式排放大气污染物的。"本案中某公司因废气超标排放和通过逃避监管的方式排放大气污染物被生态环境部门立案查处，根据《某省生态环境行政处罚裁量基准适用规则》，对以上环境违法行为分别进行处罚，处罚金额达到 110 万元，对企业造成了极大的触动和震慑。

（三）示范点

一是在国内率先创建司法鉴定辅助破获污染源自动监控数据造假案件新方式。近年来，各级生态环境执法部门在办理污染源自动监控数据造假案件时，往往面临着行政执法文书、笔录、现场视频、照片等相关环境行政执法证据无法判定案件是否涉刑的问题。该省环境执法监督局通过提送具有相关资质的第三方机构出具的司法鉴定报告作为案件定性的重要证据，填补了相关庭审证据不足的空白。

二是提炼制定查处数据造假案件执法模式。2017 年至 2019 年，原某省环境监察总队通过实践摸索、总结归纳了一套精准查处重点排污单位污染源自动监控数据的执法模式，即通过省级污染源智能监控系统日常数据及监控视频排查→初步确定嫌疑排污单位→延期观察及进一步收集证据→突击进行现场查处→扣押相关设备进行司法鉴定→现场锁定相关违法证据及制作执法文书→下达行政处罚决定书并依法移交公安机关。

三是提供查处污染源自动监控数据造假案件资金保障。污染源自动监控数据的司法鉴定费用较高，一般都是十几万元，为解决基层生态环境部门资金不足的问题，原某省环境监察总队每年都是从生态环境部执法局下拨的重点污染源自动监控运行管理中央补助资金中列支几十万元作为司法鉴定费用预算。经过专业鉴定分析出具的鉴定报告，为案件定罪量刑提供了事实依据。

四是积极探索形成部门联动工作机制。在环境违法案件办理全过程中形成生态环境保护行政执法与刑事司法衔接、部门联动的工作机制，公安机关提前介入案件调查，提前对犯罪嫌疑人进行布控，有利于协助生态环境部门固定相关证据，同时有利于后期量刑、定刑的证据采集。

（选送单位：湖北省司法厅）

41

某寿险公司侵害消费者权益行政处罚案例

基本案情

检查发现，2017 年 1 月至 2018 年 6 月，某寿险公司存在以下问题：

该寿险公司河北电销中心、成都电销中心、郑州电销中心、重庆电销中心、深圳电销中心、广东电销中心通过电销渠道销售保险产品，存在不实宣传等欺骗投保人的问题。

该寿险公司通过网销渠道销售“某自驾车两全险”产品，存在不实宣传等欺骗投保人的问题。该产品销售页面对“非意外身故/全残”保险责任描述的部分内容在合同条款中并无规定，对“意外住院津贴补助”保险责任仅进行了片面描述，与合同条款不一致，对满期返还描述为“所交保费 +5% 利息”。

该寿险公司销售“某少儿疾病住院险”产品存在未按照规定使用经备案保险费率的问题。该产品由 1 款主险和 3 款附加险构成，保费 200 元，保险期间 1 年，其中 1 款附加险报价 68 元，对照该险种经备案的保险费率，应执行的备案保费为 5. 3 元（有社保）、5. 88 元（无社保），费率上浮均超过 10 倍。

该寿险公司存在提供、编制虚假报告、文件、资料的问题。一是客户信息数据不真实，存在核心业务系统投保人联系电话与客户回访系统最终回访电话不一致、登记的投保人联系电话非本人电话等问题。二是部分涉及可回溯管理的业务虚假，由银行代理的业务存在由该寿险公司的销售人员进行可回溯视频录制的问题，且以上业务该寿险公司均向银行支付了手续费。三是报送的2017年个人医疗保险理赔数据不真实，存在案件数据遗漏、字段提取不符合相关通知中的要求等问题。

处理结果

针对上述违法行为，中国银行保险监督管理委员会于2020年初作出行政处罚决定，对该寿险公司总公司和6家电销中心罚款合计215万元，对15名责任人罚款123万元。具体情况如下：

上述电销欺骗投保人行为，违反了《中华人民共和国保险法》（以下简称《保险法》）第一百一十六条的规定，根据《保险法》第一百六十一条，对该寿险公司总公司罚款30万元，对河北电销中心罚款20万元，对成都电销中心罚款15万元，对郑州电销中心罚款15万元，对重庆电销中心罚款10万元，对深圳电销中心罚款10万元，对广东电销中心罚款10万元。根据《保险法》第一百七十一条，对电销中心有关责任人郑某警告并罚款7万元，对邓某、刘某分别警告并罚款5万元，对肖某、姜某、黄某分别警告并罚款2万元。

上述网销欺骗投保人行为，违反了《保险法》第一百一十六条的规定，根据《保险法》第一百六十一条，对该寿险公司总公司罚款30万元。

上述电销、网销欺骗投保人行为，违反了《保险法》第一百一十六条的规定，根据《保险法》第一百七十一条，对总公司有关责任人张某、王某分别警告并罚款10万元。

上述未按照规定使用经备案保险费率行为，违反了《保险法》第一百三十五条的规定，根据《保险法》第一百七十条，对该寿险公司总公司罚款25万元，根据《保险法》第一百七十一条，对总公司有关责任人王某警告并罚款5万元。

上述提供、编制虚假报告、文件、资料行为，违反了《保险法》第八十六条的规定，根据《保险法》第一百七十条，对该寿险公司总公司罚款50万元，根据《保险法》第一百七十一条，对总公司有关责任人王某、廖某、张某、李某、赵某、司某、原某分别警告并罚款10万元，对陈某警告并罚款5万元。

案件解析

（一）案情分析

一是违法行为发生率较高。以电销业务欺骗投保人为例，在随机抽取该公司2017年1月至2018年6月200单电销保单中，48单存在欺骗投保人的问题。

二是涉案产品费率上浮侵害消费者合法权益。如，“某少儿疾病住院险”产品中1款附加险报价68元，对照该险种经备案的保险费率，应执行的备案保费为5.3元（有社保）、5.88元（无社保），费率上浮均超过10倍。

（二）法律适用

《保险法》第八十六条规定：“保险公司应当按照保险监督管理机构的规定，报送有关报告、报表、文件和资料。保险公司的偿付能力报告、财务会计报告、精算报告、合规报告及其他有关报告、报表、文件和资料必须如实记录保险业务事项，不得有虚假记载、误导性陈述和重大遗漏。”

《保险法》第一百一十六条规定：“保险公司及其工作人员在保险业务活动中不得有下列行为：（一）欺骗投保人、被保险人或者受益人；……”

《保险法》第一百三十五条规定：“关系社会公众利益的保险险种、依法实行强制保险的险种和新开发的人寿保险险种等的保险条款和保险费率，应当报国务院保险监督管理机构批准。国务院保险监督管理机构审批时，应当遵循保护社会公众利益和防止不正当竞争的原则。其他保险险种的保险条款和保险费率，应当报保险监督管理机构备案。保险条款和保险费率审批、备案的具体办法，由国务院保险监督管理机构依照前款规定制定。”

《保险法》第一百六十一条规定：“保险公司有本法第一百一十六条规定行为之一的，由保险监督管理机构责令改正，处五万元以上三十万元以下的罚款；情节严重的，限制其业务范围、责令停止接受新业务或者吊销业务许可证。”

《保险法》第一百七十条规定：“违反本法规定，有下列行为之一的，由保险监督管理机构责令改正，处十万元以上五十万元以下的罚款；情节严重的，可以限制其业务范围、责令停止接受新业务或者吊销业务许可证：（一）编制或者提供虚假的报告、报表、文件、资料的；（二）拒绝或者妨碍依法监督检查的；（三）未按照规定使用经批准或者备案的保险条款、保险费率的。”

《保险法》第一百七十一条规定：“保险公司、保险资产管理公司、保险专业代理机构、保险经纪人违反本法规定的，保险监督管理机构除分别依照本法第一百六十条至第一百七十条的规定对该单位给予处罚外，对其直接负责的主管人员和其他直接责任人员给予警告，并处一万元以上十万元以下的罚款；情节严重的，撤销任职资格。”

（三）示范点

一是电销和网销渠道欺骗投保人的行为，属于通过不同的销售渠道独立实施的不同违法行为，侵害了不同消费者群体的合法权益，按照过罚相当的原则，分别给予行政处罚。

二是落实《保险法》规定的“双罚制”要求，处罚保险机构的，同时处罚相关责任人员，共追究了包括总公司副总裁王某、张某和总裁助理廖某在内 15 名人员责任。

三是依据违法事实和法律规定，对于性质恶劣、情节严重、屡禁不止的行为，对机构和相关责任人员从重直至顶格罚款，体现了维护消费者合法权益、严厉打击金融市场乱象、从严查处违法违规行为的监管要求。

（选送单位：中国银行保险监督管理委员会消保局）

第二章

行政许可案例

42

某高级中学有限公司设立许可案

基本案情

某教育咨询有限公司通过公开竞拍中标，获得某市某村一处国有闲置资产12年的使用权，和该市某有限公司合作，拟创办一所营利性民办高中学校（两公司以下简称申请人）。2020年1月19日，申请人向某市教育局提出筹设申请，通过互联网+政务服务平台，工作人员受理、审查通过，并出具《受理通知书》。随后，某市教育局相应审核岗、审批岗工作人员按照《中华人民共和国民办教育促进法》（以下简称《民办教育促进法》）第十条、第十二条、第十三条的规定，审批通过该申请，于1月21日作出批复，同意筹设某高级中学有限公司（暂定名），并将许可文书送达申请人。申请人随即启动办学场地的改扩建施工，经过近3个多月的筹设，5月6日，正式向某市教育局提出设立申请。在网上完成受理、审查环节后，5月8日，某市教育局从专家委员会抽调专家进行评议，根据《某市民办中小学设置标准》，专家组认为该申请基本达到普通高中设立标准，并对存在的个别问题提出了整改意见。经申请人整改后，将整改情况在网上报某市教育局核查。

处理结果

某市教育局工作人员对整改情况进行核查后，根据《民办教育促进法》第十一条、第十二条、第十五条等规定，于5月18日作出正式设立某高级中学有限公司的行政许可决定，在网上办结申请事项，并将许可文书和办学许可证送达申请人。

案件解析

（一）案情分析

该办学场地原为某中专学校旧址，2010年学校搬到其他园区办学后，一直闲置。2018年年底，某市国资管理部门对该校区使用权进行公开拍卖，某教育咨询有限公司中标，与某市国资管理部门签订为期12年的租赁协议。该场地属于国有资产，占地面积为111293平方米，房屋建筑面积约25000平方米。

民办学校的设立，应当符合当地教育发展的需求，具备教育法和其他有关法律、法规规定的条件。申请人经多方论证后，认为该场地适合举办一所民办高中学校，向某市政府请求支持，某市政府出具了同意申请人将该场地用于办学的意见函。

民办学校的设置应参照同级同类公办学校的设置标准执行。该场地原为中专学校办学用，校内有部分简易建设的实习工厂和实训设施，同时还缺乏普通高中需要的实验教室和相关设施。在筹设批复中，某市教育局要求申请人按相应标准开展了改建、扩建，专家组到现场进行了审查评议。

结合上述情况，在该场地设立一所民办普通高中，符合区域教育发展的需求，办学条件达到了同级同类公办学校的设置标准，准许设立该学校，符合法律法规规定。

（二）法律适用

《民办教育促进法》第十条规定："举办民办学校的社会组织，应当具有法人资格。举办民办学校的个人，应当具有政治权利和完全民事行为能力。民办学校应当具备法人条件。"

《民办教育促进法》第十一条规定："设立民办学校应当符合当地教育发展的需求，具备教育法和其他有关法律、法规规定的条件。民办学校的设置标准参照同级同类公办学校的设置标准执行。"

《民办教育促进法》第十二条规定："举办实施学历教育、学前教育、自学考试助学及其他文化教育的民办学校，由县级以上人民政府教育行政部门按照国家规定的权限审批；举办实施以职业技能为主的职业资格培训、职业技能培训的民办学校，由县级以上人民政府人力资源社会保障行政部门按照国家规定的权限审批，并抄送同级教育行政部门备案。"

《民办教育促进法》第十五条规定："申请正式设立民办学校的，举办者应当向审批机关提交下列材料：（一）筹设批准书；（二）筹设情况报告；（三）学校章程、首届学校理事会、董事会或者其他决策机构组成人员名单；（四）学校资产的有效证明文件；（五）校长、教师、财会人员的资格证明文件。"

《国务院关于鼓励社会力量兴办教育促进民办教育健康发展的若干意见》要求，各地要重新梳理民办学校准入条件和程序，进一步简政放权，吸引更多的社会资源进入教育领域。

《某省人民政府关于鼓励社会力量兴办教育促进民办教育健康发展的实施意见》规定，各级政府可以采取购买服务、助学贷款、奖助学金和出租、转让闲置国有资产等措施对民办学校予以支持。

（三）示范点

1. 通过规范执法，推进行政许可标准化办理。某市教育局自2015年以来推进行政审批制改革，制定标准化行政许可流程，将审批依据、申请条件、材料清单、承诺时限、流程图等143项办理要素通过本单位官网、市政府门户网站进行公示，并严格按公示的实施清单实施许可。其中，对所有申请表和申请材料，都提供了示范文本；对办事的流程，都严格拟定了流程图和工作时限、受理标准，申请人只需要根据模板准备资料，避免了反复跑腿，节约了办理时间。此外，本案程序严谨完备，履行了重大行政执法决定法制审核程序，申请与受理、审查、专家评议、决定等法定环节，每个环节都有案卷记录，能够清晰地呈现执法办案全过程，符合执法全过程记录的要求。

2. 组织专家评议，提高行政许可的科学性。《中华人民共和国行政许可法》（以下简称《行政许可法》）第三十四规定："行政机关应当对申请人提交的申请材料进行审查……根据法定条件和程序，需要对申请材料的实质内容进行核实的，行政机关应当指派两名以上工作人员进行核查。"这一规定说明，对于申请人申请的事项是否属于准予行政许可的情形，许可机关有审查义务，审查应当根据申请事项实际情况选择是书面审查还是现场核查，以及是否需要邀请相关专家参与。审查方式的选择应当服务于审查事项的专业程度和实际需要。《中华人民共和国民办教育促进法实施条例》第十三条规定："申请正式设立实施学历教育的民办学校的，审批机关受理申请后，应当组织专家委员会评议，由专家委员会提出咨询意见。"① 审查申请人办学资质和条件是本案的关键点，执法机关通过对申请人相关资料进行审查、组织人员现场考察、邀请专家评议、对申请人进行询问等方式，综合形成审查意见，确保许可事项事实清楚，证据全面、充分，具有科学性。

3. 实施全程网上办理，推进高效简政便民。本案的办理全程通过某市政务服务平台实施，申请人按照网上公示的材料清单，上传申请材料，行政机关在网上进行审核。"网上办"提高了执法效率，大大缩短了行政许可的办理时间，法定 30 日决定是否同意筹设，执法单位承诺 10 个工作日完成；法定 3 个月内作出是否批准设立的决定，执法单位承诺 24 个工作日完成，而本案中实际用时更少，分别是 3 个工作日和 12 个工作日。"网上办"也优化了执法程序，使整个执法过程更加规范和有迹可循，并且能做到实时监督、事后监督。《行政许可法》第三十三规定："行政机关应当建立和完善有关制度，推行电子政务，在行政机关的网站上公布行政许可事项，方便申请人采取数据电文等方式提出行政许可申请；应当与其他行政机关共享有关行政许可信息，提高办事效率。"从近年的政务服务实践来看，某市教育局电子政务系统的建设和应用取得了显著的成绩，成为高效履职和推动落实"放管服"改革的重

---

① 已修订为 2021 年《中华人民共和国民办教育促进法实施条例》第十八条规定。第十八条："申请正式设立实施学历教育的民办学校的，审批机关受理申请后，应当组织专家委员会评议，由专家委员会提出咨询意见。"

要平台。

4. 积极作为，推进国有闲置资产的处置。在推进城镇化过程中，农村地区学校大量撤并或者关停，出现一批长期闲置的校产，没有产生相应的经济和社会效益。本案中，政府有关部门通过招商引资，推动闲置校舍创办民办普通高中学校，不仅有效补充了当地高中教育学位，还有效解决了国有资产的闲置问题。

（选送单位：湖南省司法厅）

43

某公司不履行承诺对其撤销行政许可决定案

基本案情

2018 年 11 月 13 日，某公司以告知承诺制行政审批方式向某省住房和城乡建设厅申请并取得建筑工程施工总承包二级资质。在承诺事项中，该公司申报的工程业绩包含在外省承建的两个项目，并提供了施工许可证等相关佐证资料。

为做好告知承诺制行政审批批后审查工作，2018 年 12 月 18 日和 2019 年 3 月 7 日，某省住房和城乡建设厅两次致函外省住房和城乡建设厅，委托其核查该公司申报的上述两个项目。2019 年 4 月 18 日，外省住房和城乡建设厅回复称：经项目所在地主管部门确认，该公司申报的工程业绩查无此项。

为进一步查清事实真相，2019 年 6 月 10 日，某省住房和城乡建设厅派工作组赴外省调查。在开展座谈了解、查阅两个项目施工许可、竣工案等相关档案资料，并在外省住建等相关部门陪同下进行实地核查后，调查组未发现由某公司承建的项目，外省住建部门也没有核发施工许可证件。

某省住房和城乡建设厅认为，某公司在申请建筑工程施工总承包二级资质告知承诺制行政审批中，申报的工程业绩与事实不符，属以欺骗手段取得行政许可。

处理结果

撤销该公司已取得的建筑工程施工总承包二级资质，且三年内不得再次申请该项资质的行政许可。同时予以通报批评，将此次不良行为记入某省建筑市场监管公共服务平台，并推送给诚信中国（某省）平台。

案件解析

（一）案情分析

行政许可告知承诺制是深化“放管服”改革，提高行政审批效率，完善管理方式，强化事中事后监管，努力营造良好的营商环境的重要举措。该案正是在“放管服”改革背景下发生的，具有一定的代表性。当事人在申请工程建设领域资质等事关人民群众生命财产安全的行政审批事项时采用欺骗手段，具有较大的危害性。该案的监管部门在行政审批事后审查环节，发现实际情况与承诺内容不符，立即核查并及时撤销许可决定，同时运用信用监管手段实施失信惩戒，对推进行政许可告知承诺制的顺利实施具有积极作用。

（二）法律适用

该案依据《行政许可法》作出撤销许可决定的同时，也作出三年内不得再次申请该行政许可决定，适用法律正确。鉴于信用监管是通过诚实信用的道德蕴含和法律原则逐渐演化而来，目前已成为新型的社会治理手段，该案采取了失信惩戒措施，从而更加有效地实施社会治理。

（三）示范点

在“放管服”改革背景下，如何从注重事前审批顺利转向注重事中事后全流程监管，需要行政机关统筹运用多种手段。该案统筹运用了撤销行政许可、限期内不得再次申请该项许可、通报批评、失信惩戒等行政、法律、信用手段，示范了告知承诺制审批与监管有效衔接，促进了政府从“事前审批”向“事中事后监管”和“全程服务”的转变。

（选送单位：海南省司法厅）

44

某示范区跨域涉水项目行政许可执法案

基本案情

某市A区某路至C市B区某线新改建工程全长约2.27千米，目的是加强某省与该市的高等级跨省通道联系，集散某高速公路的交通，提高某地区对外交通辐射的能力，提升地区环境品质，对促进地区发展具有重要的作用和意义。

根据《中华人民共和国水法》（以下简称《水法》）第三十八条及《中华人民共和国防洪法》（以下简称《防洪法》）第二十七条的规定，该工程作为跨域涉水项目，建设单位在项目开工前须将工程建设方案分别报某省、某市有关水行政主管部门审查同意。

处理结果

作为一体化示范区的第一个跨域涉水项目，示范区执委会、某市、C市水务局从优化营商环境、精简审批流程、保障项目建设的角度，多次召开专题会议，共同研究探索，在某湖局的指导和协调下，最终在6月以专题会议纪要形式明确，该项目采用联合审批、共同监管的新模式。即某市水务局牵头，实行一口受理、一口发放决定书；审批过程中，由该市、C市水务局共同踏勘、方案审查，并联合签发一份《行政许可决定书》；审批完成后，双方共同履行后续监管。通过这项新模式，建设单位只跑一地、只跑一次就拿到了两个行政机关共同出具的许可决定。从形式上满足了法律法规对该市和C市两地对该项目都要进行涉河审批的要求，同时在实体上解决了因两地相关技术标准和规范不尽相同而产生的协调工作，大大提高了审批办理的效率。

目前，该市水务局、C市水务局已于2020年7月13日发出示范区第一份跨域涉水项目联合审批决定书。

案件解析

（一）案情分析

本案例的难点在于，该项目由某市A区、C市B区分别以某路、某大道工程进行立项，并分别取得了初步设计批复。桥梁作为示范区的重点工程，工期很紧，如何在最短时间内取得涉河行政许可批复是关键。本案例最大的难点体现在桥梁的涉水审批是按照立项和审批权限分头到两地水行政主管部门申报，还是作为一个整体项目审批。原因有两点：一是根据现有的法律法规及某湖流域涉河项目的审批权限划分，建设单位应分别报某市、某省两地审批，并由某湖局进行指导和协调；二是作为一个跨域桥梁，其方案要同时满足某市、C市两地的涉河审批的技术标准。两地的技术标准也存在差异，如对桥梁最小跨径、桥梁净空的要求等。分头审批协调难度较大，不利于这个项目推进。

所以，在明确由某市水务局、C市水务局进行联合审批后，为了确保审批顺利推进，在本案例审批过程中采取了以下创新措施：

1. 制定跨域涉水工程审批文书

为了更好推进行政审批手续办理，某市水务局在行政审批的受理—办理—送达等环节制定了一套跨域涉水项目的审批文书，文书编号为“SFQS××××××××”，包含《补正材料通知书》《补正材料收件凭证》《受理通知书》《联合现场核查笔录》《许可决定书》等文书，该套审批文书经与示范区执委会、C市水务局专题会商后确定。

2. 容缺受理

某市水务局对该项目进行容缺受理、开具申请材料收件凭证。不同于以往建设单位要提供办事指南清单上所有申请材料方可受理的模式，在建设单位准备申请材料的同时也能进行行政审批的同步办理，进一步提高了行政审批效率。

3. 联合现场踏勘、方案审查

2020 年 6 月 18 日，某市水务局、C 市水务局共同对该项目开展了联合审批。示范区执委会、A 区水务局、B 区水务局及项目参建方出席本次会议。会上，A 区水务局、B 区水务局联合踏勘了某桥梁工程建设现场，同时邀请了某市、某省的水利专家共同对该项目的防洪评价报告进行审查，确保该防洪评价报告同时符合该市、该省两地相关技术标准。

4. 联合签发决定书

某市水务局通过专人跟踪服务，指导建设单位在短时间内先后完成防洪评价报告、涉河方案等材料的组织申报，并第一时间会同 C 市水务局在《示范区跨域项目水务行政许可联合审批表》上联合出具行政审批办理意见，作出准予许可决定，准予许可决定书上由某市水务局、C 市水务局联合盖章。

5. 联合监管

该工程审批完成后，根据职责由某市水务局、C 市水务局共同履行后续监管，确保该区域的防汛安全。2020 年 9 月 8 日，某市水务局、C 市水务局共同开展了对该案例的后续监管。

（二）法律适用

本案例适用《水法》第三十八条“在河道管理范围内建设桥梁、码头和其他拦河、跨河、临河建筑物、构筑物，铺设跨河管道、电缆，应当符合国家规定的防洪标准和其他有关的技术要求，工程建设方案应当依照防洪法的有关规定报经有关水行政主管部门审查同意”和《防洪法》第二十七条第一款“建设跨河、穿河、穿堤、临河的桥梁、码头、道路、渡口、管道、缆线、取水、排水等工程设施，应当符合防洪标准、岸线规划、航运要求和其他技术要求，不得危害堤防安全、影响河势稳定、妨碍行洪通畅；其工程建设方案未经有关水行政主管部门根据前述防洪要求审查同意的，建设单位不得开工建设”的规定。

（三）示范点

1. 该项目需由上一级水行政主管部门某湖局进行行政审批，或者由其中一地委托或授权另一地开展行政审批。

2. 审批标准问题。《防洪法》第二十七条中规定涉水工程的方案应当符合防洪标准、岸线规划、航运要求和其他技术要求，跨域两地的防洪标准、岸线规划等可能不尽相同，审批过程中，牵头审批部门可能对另一方的标准、规划不尽了解。

3. 对于跨域涉水项目，如在某湖局的审批权限范围内，应报流域机构进行审批；如不在某湖局的审批权限范围内，则由地方水行政主管部门审批。本案例中，跨域桥梁虽为一整体结构，但由于两地分别立项，建设单位应分别报某市、某省两地有关水行政主管部门审批。经多方研究探索以及某湖局的指导，采用联合审批新模式，这对后续的跨域涉水项目审批起到一定借鉴作用。

4. 本案例中，某市水务局、C 市水务局联合两地专家对该方案进行审查，确保方案同时满足两地涉河审批的技术标准及相关规划，审批完成后，两地管理部门共同开展后续监管，对联手开展行业监管进行了初步探索。

（选送单位：上海市司法局）

第三章

行政强制案例

45

交警申请人民法院强制执行交通违法罚款案

基本案情

2017 年 4 月 23 日，被执行人谢某驾驶小汽车在某高速公路 69 公里处，实施了机动车未按照规定期限进行安全技术检验、使用其他车辆号牌的违法行为，违反了《道路交通安全法》的有关规定，被申请执行人某省公安厅交通警察总队高速五支队二大队查获。

申请执行人某省公安厅交通警察总队高速五支队二大队依据 2011 年《道路交通安全法》第九十六条第三款、《机动车登记规定》第五十六条第（四）项及《某省实施〈中华人民共和国道路交通安全法〉办法》第九十一条第三款之规定，于 2017 年 6 月 29 日对谢某作出并送达了《行政处罚决定书》，决定对谢某罚款 5200 元（限 15 日内到指定的银行缴纳，到期不缴纳的，每日按罚款数额的 3% 加处罚款）。被执行人谢某收到《行政处罚决定书》后，既未申请行政复议或提起行政诉讼，也未履行该行政处罚决定。申请执行人于 2018 年 2 月 6 日依照《行政强制法》的规定向被执行人谢某送达了催告履行通知书，但被申请执行人谢某仍未履行。

2018 年 3 月 6 日，申请执行人某省公安厅交通警察总队高速五支队二大队向驻地人民法院申请强制执行其于 2017 年 6 月 29 日对谢某作出的公安交通管理行政处罚决定。

处理结果

1. 2018 年 3 月 13 日，人民法院认为，申请执行人某省公安厅交通警察总队高速五支队二大队依法享有对道路交通违法行为进行处罚的职权，其对被执行人谢某作出的公安交通管理行政处罚决定，事实清楚，程序合法，适用法律、法规正确，其向法院提出的强制执行申请，符合法律规定。故依照《行政强制法》第五十七条、《行政诉讼法》第九十七条之规定，作出“准予强制执行申请执行人某省公安厅交通警察总队高速五支队二大队作出的公安交通管理行政处罚决定”的行政裁定。

2. 2018 年 4 月 23 日，人民法院向被执行人谢某下达《限制消费令》，对被申请执行人谢某采取了九项限制消费措施。

3. 2018 年 4 月 23 日，人民法院作出《失信决定书》，决定将谢某纳入失信被执行人名单，并向社会公布，将谢某个人信息通报征信机构、国家机关、金融监管等部门，对失信被执行人谢某进行联合惩戒。

案件解析

（一）案情分析

本案是某省首例公安交警对不缴纳交通违法罚款的当事人申请人民法院强制执行的成功案例。在本案中，申请执行人某省公安厅交通警察总队高速五支队二大队，作为行政机关主动通过申请法院强制执行的方式，来维护自身的执法权威和公信力，实现行政处罚的惩戒目的，是一起不常见的“官”告“民”式的行政强制执行案件。

小违法可能演变成犯罪。本案中，被执行人谢某因交通违法被高速交警处罚后，既不履行处罚决定，也不提起行政复议和行政诉讼，在收到人民法院强制执行裁定后仍未履行，最终被人民法院限制消费，并加入失信被执行人名单。毫无疑问，谢某将为此付出的代价，远远超过起初的交通违法罚款所带来的阵痛。谢某可能将在今后的出行、住宿、购物、贷款等方面受到诸多限制。如故意违反规定消费，轻则罚款、拘留，重则可能会构成拒不执行判决、裁定罪，被追究刑事责任。

（二）法律适用

2011年《道路交通安全法》第九十六条第三款规定："使用其他车辆的机动车登记证书、号牌、行驶证、检验合格标志、保险标志的，由公安机关交通管理部门予以收缴、扣留该机动车，处二千元以上五千元以下罚款。"

2011年《道路交通安全法》第一百零九条规定："当事人逾期不履行行政处罚决定的，作出行政处罚决定的行政机关可以采取下列措施：（一）到期不缴纳罚款的，每日按罚款数额的百分之三加处罚款；（二）申请人民法院强制执行。"

《行政强制法》第四十五条规定："行政机关依法作出金钱给付义务的行政决定，当事人逾期不履行的，行政机关可以依法加处罚款或者滞纳金。加处罚款或者滞纳金的标准应当告知当事人。加处罚款或者滞纳金的数额不得超出金钱给付义务的数额。"

《行政强制法》第五十三条规定："当事人在法定期限内不申请行政复议或者提起行政诉讼，又不履行行政决定的，没有行政强制执行权的行政机关可以自期限届满之日起三个月内，依照本章规定申请人民法院强制执行。"

《某省实施〈中华人民共和国道路交通安全法〉办法》第九十一条。

《机动车登记规定》第五十六条规定："有下列情形之一的，由公安机关交通管理部门处警告或者二百元以下罚款：（一）重型、中型载货汽车及其挂车的车身或者车厢后部未按照规定喷涂放大的牌号或者放大的牌号不清晰的；（二）机动车喷涂、粘贴标识或者车身广告，影响安全驾驶的；（三）载货汽车、挂车未按照规定安装侧面及后下部防护装置、粘贴车身反光标识的；（四）机动车未按照规定期限进行安全技术检验的；（五）改变车身颜色、更换发动机、车身或者车架，未按照本规定第十条规定的时限办理变更登记的；（六）机动车所有权转移后，现机动车所有人未按照本规定第十八条规定的时限办理转移登记的；（七）机动车所有人办理变更登记、转移登记，机动车档案转出登记地车辆管理所后，未按照本规定第十三条规定的时限到住所地车辆管理所申请机动车转入的。"

（三）示范点

某省公安厅交通警察总队高速五支队二大队在办理该起案件过程中，充分运用法治思维、法治理念，先行先试，通过司法渠道来救济自己的行政权，主动将行政执法行为交法院审查，认真筛选案件，严格申请程序，多次对涉及的法律依据、办案程序等进行研讨；积极与驻地法院立案庭、行政庭、执行庭等多部门沟通协调，主动向司法机关学习相关司法程序，全力配合驻地人民法院在申请立案、催告通知、文书送达、案件审查等方面的工作。该起案件的成功办理，对维护法律尊严，树立交警执法权威、提升交警执法公信力，增强交通参与者法制意识和守法意识，提高交通安全管理执行力起到了积极的推动作用。

法律的生命在于执行。遵守宪法和法律是公民的基本义务，行政相对人首先应遵守行政管理法律法规，在违反法律法规时，应主动接受处罚，这样才能形成良好的社会秩序。但由于部分人在违法后，或是法律观念淡薄，或是出于故意，以各种方法逃避法律处罚。特别是对行政罚款的处罚，当违法行政相对人不履行时，如不能督促其有效履行则将在无形中损害法律的尊严和行政机关的权威。随着《最高人民法院关于公布失信被执行人名单信息的若干规定》《最高人民法院关于限制被执行人高消费及有关消费的若干规定》的颁布、实施，对于被执行人采取的措施越来越严厉，逃避法律处罚的行政相对人因申请进入强制执行程序后，将被纳入失信人名单，对其事业、社会活动造成重大不良影响；被限制消费，对其生活产生重大影响；会付出更大的代价。因此，行政相对人应当自觉守法，在发生违法行为时，自觉承担、履行相应法律责任与义务，共同维护良好的社会秩序。

（选送单位：山西省司法厅）

46

某公司伪造或者冒用他人厂名、厂址等违法行为案

基本案情

2020 年 2 月 28 日，某省市场监督管理局执法稽查局执法人员根据群众举报，依法对某公司进行了执法检查。现场发现成品区存放有该企业及 B 肥业公司、H 肥业公司的 6 种肥料共 2080 袋。因当事人现场不能提供工业产品生产许可证、生产记录、检验记录、委托加工协议等资料，所生产的肥料存在涉嫌伪造或者冒用他人厂名、厂址等问题，执法人员依法对上述产品进行了抽样取证，并采取了查封行政强制措施。经查，该公司存在伪造或者冒用他人厂名、厂址，以不合格产品冒充合格产品，以及未取得工业产品生产许可证擅自生产列入目录的掺混肥料和公司未经变更登记，擅自改变登记事项的违法行为，某省市场监督管理局依法对该公司作出行政处罚。

处理结果

某省市场监督管理局于 2020 年 2 月 28 日予以立案调查，经重大行政执法决定法制审核，当事人未提出陈述、申辩和听证要求。某省市场监督管理局于 2020 年 5 月 12 日作出《行政处罚决定书》，责令当事人改正违法行为，限期办理公司登记事项有关变更登记，并作出以下行政处罚：

1. 责令停止生产以不合格产品冒充合格产品的化肥和责令停止生产未取得工业产品生产许可证列入目录的掺混肥料。

2. 没收违法生产的肥料 79. 35 吨（其中，硫硝酸铵 29. 5 吨、尿铵 + 钾 5. 16 吨、氮钾追肥 18. 75 吨、颗粒硫铵氮肥 6. 8 吨、多肽缓释氮肥 7. 5 吨、

掺混肥料 11.64 吨）。

3. 处伪造或者冒用他人厂名、厂址生产化肥货值金额 50% 罚款 27879 元，处以不合格产品冒充合格产品的化肥货值金额 1 倍罚款 55758 元，处未取得工业产品生产许可证擅自生产列入目录的掺混肥料货值金额等值罚款 15132 元，罚款合计 98769 元。

后当事人积极整改，在法定期限内完成公司登记事项有关变更登记，履行了行政处罚决定。此案按期结案。

案件解析

（一）案情分析

本案经调查取证，对案件性质进行了认定：

1. 某公司未与 B 肥业公司、H 肥业公司签订委托加工协议，存在冒用他人厂名、厂址生产化肥的违法行为；该公司生产的标识为“尿铵 + 钾、颗粒硫铵氮肥、多肽缓释氮肥、掺混肥料”四种肥料，厂址与营业执照不符，存在伪造厂址生产化肥的违法行为。上述违法行为违反了《中华人民共和国产品质量法》（以下简称《产品质量法》）第三十条规定，依据该法第五十三条规定进行处罚。

2. 某公司生产的产品样品经某省质量监督检验研究院检验，被判定为不合格产品，且该公司没有实验室和技术人员，不能提供原料采购、生产记录，存在生产以不合格产品冒充合格产品的违法行为。其生产不符合保障人体健康和人身、财产安全的国家标准化肥的违法行为，违反了《产品质量法》第三十二条规定，依据该法第五十条规定进行处罚。

3. 某公司未取得生产掺混肥料的工业产品生产许可证，存在未取得工业产品生产许可证擅自生产列入目录掺混肥料的违法行为，违反了《中华人民共和国工业产品生产许可证管理条例》（以下简称《工业产品生产许可证管理条例》）第五条规定，依据该条例第四十五条规定进行处罚。

4. 某公司营业执照经营范围为氮肥制造（法律、行政法规或者国务院决定规定须报经批准的项目，未获批准前不准经营），未包含掺混肥料的生产，存在未经变更登记、擅自改变登记事项的违法行为，违反了《中华人民共和国公司登记管理条例》（以下简称《公司登记管理条例》）第二十六条规定，依照该条例第六十八条规定进行处罚。

经核算，上述化肥货值共计 55758 元，未销售，无利润。其中伪造或者冒用他人厂名厂址的化肥货值共计 55758 元，不符合保障人体健康和人身、财产安全的国家标准的化肥货值共计 55758 元，未取得工业产品生产许可证擅自生产列入目录的掺混肥料货值共计 15132 元。

在本案调查过程中，当事人能够积极配合调查，如实陈述违法事实并主动提供证据材料。根据《行政处罚法》第五条①和第二十七条②的规定，以及《某省质量技术监督行政处罚裁量权适用规则》第九条“当事人有下列情形之一的，应当依法从轻或者减轻行政处罚：（一）主动消除或者减轻危害行为后果的；……”，第十条“当事人有下列情形之一的，可以从轻处罚：……（二）积极配合质监部门检查，在规定时间、地点接受询问且如实回答的；……（五）行为人在行政处罚决定作出前对违法行为有效整改的”以及《市场监管总局关于规范市场监督管理行政处罚裁量权的指导意见》和《某省质量技术监督行政处罚裁量权适用参照标准（试行）》等有关规定，执法办案机关决定对上述违法行为作出并罚。

（二）法律适用

1.《产品质量法》第三十条规定：“生产者不得伪造产地，不得伪造或者冒用他人厂名、厂址。”

《产品质量法》第五十三条规定：“伪造产品产地的，伪造或者冒用他人

---

① 已修订为 2021 年《行政处罚法》第六条规定。第六条：“实施行政处罚，纠正违法行为，应当坚持处罚与教育相结合，教育公民、法人或者其他组织自觉守法。”

② 已修订为 2021 年《行政处罚法》第三十二条规定。第三十二条：“当事人有下列情形之一，应当从轻或者减轻行政处罚：（一）主动消除或者减轻违法行为危害后果的；（二）受他人胁迫或者诱骗实施违法行为的；（三）主动供述行政机关尚未掌握的违法行为的；（四）配合行政机关查处违法行为有立功表现的；（五）法律、法规、规章规定其他应当从轻或者减轻行政处罚的。”

厂名、厂址的，伪造或者冒用认证标志等质量标志的，责令改正，没收违法生产、销售的产品，并处违法生产、销售产品货值金额等值以下的罚款；有违法所得的，并处没收违法所得；情节严重的，吊销营业执照。”

《产品质量法》第三十二条规定：“生产者生产产品，不得掺杂、掺假，不得以假充真、以次充好，不得以不合格产品冒充合格产品。”

《产品质量法》第五十条规定：“在产品中掺杂、掺假，以假充真，以次充好，或者以不合格产品冒充合格产品的，责令停止生产、销售，没收违法生产、销售的产品，并处违法生产、销售产品货值金额百分之五十以上三倍以下的罚款；有违法所得的，并处没收违法所得；情节严重的，吊销营业执照；构成犯罪的，依法追究刑事责任。”

2.《工业产品生产许可证管理条例》第五条规定：“任何企业未取得生产许可证不得生产列入目录的产品。任何单位和个人不得销售或者在经营活动中使用未取得生产许可证的列入目录的产品。”

《工业产品生产许可证管理条例》第四十五条规定：“企业未依照本条例规定申请取得生产许可证而擅自生产列入目录产品的，由工业产品生产许可证主管部门责令停止生产，没收违法生产的产品，处违法生产产品货值金额等值以上 3 倍以下的罚款；有违法所得的，没收违法所得；构成犯罪的，依法追究刑事责任。”

3.《公司登记管理条例》第二十六条规定：“公司变更登记事项，应当向原公司登记机关申请变更登记。未经变更登记，公司不得擅自改变登记事项。”

《公司登记管理条例》第六十八条规定：“公司登记事项发生变更时，未依照本条例规定办理有关变更登记的，由公司登记机关责令限期登记；逾期不登记的，处以 1 万元以上 10 万元以下的罚款。其中，变更经营范围涉及法律、行政法规或者国务院决定规定须经批准的项目而未取得批准，擅自从事相关经营活动，情节严重的，吊销营业执照。公司未依照本条例规定办理有关备案的，由公司登记机关责令限期办理；逾期未办理的，处以 3 万元以下的罚款。”

（三）示范点

1. 关于法律适用问题。本案中涉案产品被判定为不合格，是适用《产品质量法》第四十九条还是适用第五十条，成为争论的焦点。第一种观点认为，当事人生产的化肥不合格，产品不符合人体健康和人身、财产安全的国家标准，应该依据《产品质量法》第四十九条进行处罚。第二种观点认为，当事人存在主观故意生产不合格化肥的情形，并且《产品质量法》第四十九条是指生产、销售不符合保障人体健康和人身、财产安全的强制性标准的产品，应不包括国家推荐性标准。本案不合格产品的执行标准仅为国家推荐性标准，且标准中没有相关保障人体健康和人身、财产安全的强制性检测指标，其行为应认定为以不合格产品冒充合格产品，适用《产品质量法》第五十条进行处罚。经过讨论，并征求法制部门、律师意见，结合有关案例，本案采纳了第二种观点。

2. 关于准确运用自由裁量基准问题。第一种观点认为，该企业同时存在多种违法行为，违法情节严重，应该在从重的幅度内进行处罚。第二种观点认为，应根据《某省质量技术监督行政处罚裁量权适用规则》和《某省质量技术监督行政处罚裁量权适用参照标准（试行）》的具体规定，确定处罚幅度。同时，应综合考虑当事人积极配合调查，主动进行整改等情形，按照《市场监管总局关于规范市场监督管理行政处罚裁量权的指导意见》的有关规定，坚持处罚与教育相结合，综合确定处罚幅度。本案采纳了第二种观点，根据不同违法行为的具体实际情形，分别适用轻微或一般的处罚幅度。

3. 关于是否属于“一事不再罚”的问题。本案中涉案企业存在多种违法行为，是应该择一重处还是合并处罚，一直是困扰执法人员的问题。第一种观点认为，抽检不合格和冒用他人厂名厂址生产以及未取得工业生产许可证的化肥产品，均为该企业生产的同一批次产品，针对同一个标的物，该企业只实施了故意生产不合格产品这一种违法行为，因此只能对当事人的违法行为实施一次处罚。按照想象竞合违法行为“择一从重”的处理原则，该案应以故意生产不合格产品这一种违法行为进行处罚。第二种观点认为，当事人故意生产不合格产品和冒用、伪造他人厂名厂址生产化肥以及未取得工业生产许可证生产化肥是三种不同性质的违法行为，三者之间不存在牵连关系。因此，对这三种违法行为应当分别裁量，合并处罚。本案综合法制部门、律师的意见，并结合以往案例情况，认为此案中不同违法行为有各自的法律责任，应当以各自的违法情节作为处理对象，应分别裁量，合并处罚。同时，也可防止出现法律遗漏风险，更能体现行政处罚的“过罚相当”原则。因此，本案采纳了第二种观点。

近年来，各级市场监督管理部门加大对制售假冒伪劣农资产品等违法行为的打击力度，维护农资质量安全，保障农业春耕生产顺利进行。执法人员坚持执法为民，情系“三农”的工作理念，第一时间赶赴当地展开执法检查。面对当事人的不理解，执法人员坚持边执法边普法，向当事人说明来意，认真讲解有关法律知识，消除了当事人的疑虑，使其能够主动配合现场检查工作，保障执法办案的顺利进行。

1. 现场检查、固定证据是本案的关键之一。涉案企业规模很小，并未正常组织生产。当现场检查时，只有企业负责人在场，有关资料无法及时提供；而且现场存放的产品外包装涉及多个产品名称、企业名称、地址等，数量较多，让人眼花缭乱。如何才能快速准确地完成现场检查，初步确定有无违法行为，是执法人员面临的一个难题。经过研判，执法人员确定从产品入手，倒查相关资料资质的办案思路，逐一清点、逐一核实。经过细致检查，厘清了产品种类、数量及委托加工等情况。书证、物证的固定为案件办理奠定了基础。

2. 及时、扎实的调查取证是本案的又一关键。此案涉及 B 肥业公司和 H 肥业公司，当事人虽然承认未签订委托加工协议，但如果没有 B 肥业公司和 H 肥业公司的证明材料加以确认，难以形成完成的证据链，很可能为案件埋下隐患。执法人员第一时间展开调查取证工作。向位于外省的 B 肥业公司所在地市场监管部门发出协查函，当地市场监督管理部门及时派出执法人员对情况进行核查后反馈 B 肥业公司未与该肥业有限公司签订委托加工协议；对省内的 H 肥业公司现场进行了核实，H 肥业公司也未与该肥业有限公司签订委托加工协议。

复杂的现场情况对执法人员能力素质提出了更高的要求。机构改革前，执法人员分别从事原工商、质监等工作，容易受惯性思维、传统工作经验的影响，从而可能在检查中不能及时、全面地发现问题。本案涉及多个违法行为，触犯了多部法律法规，对执法人员综合素质是一个考验。此案中，当事人营业执照经营范围未包含掺混肥料制造，该行为违反了《公司登记管理条例》第二十六条的规定，如果不认真研究、全面思考，就很难准确发现问题。

3. 关于抽样的问题。如果不能按标准要求，依法规范抽样，很有可能造成案件审理的失败。在实践中，应注意以下五个方面。

（1）样品选择：一定要在包装完好的成品中抽取。

（2）严格按标准规定抽样：一定要对照标准，按照规程，确保抽取的样品具有代表性。

（3）准确填写抽样单：应让当事人现场签字，并确认无异议。

（4）样品处置：检验合格样品，留存至当事人提出异议期满 15 日再予以退还；检验为不合格样品及留样样品，保留到当事人的复议权、诉讼权行使期限届满后才能予以处置。

（5）全过程记录：具备条件的应全程拍照、摄像。

（选送单位：河北省司法厅）

第四章

行政执法监督案例

全国行政执法指导丛书

全国行政执法
典型案例

·第一辑·

47

未保障陈述申辩权行政许可决定被复议机关撤销案

基本案情

2018 年 9 月 11 日，某县生态环境局受理了某生猪养殖有限公司的环境影响评价文件。根据环境影响评价文件，某县生态环境局认为某生猪养殖有限公司提供养殖场用地范围超出国土部门认定的用地红线范围，于受理当天开具补正单，要求该生猪养殖有限公司对超过红线范围的用地部分，应重新征求各相关部门的意见。该生猪养殖有限公司未能按规定在补正期限内进行补正，该县生态环境局按规定予以退件。

2019 年 5 月 23 日，依某生猪养殖有限公司的再次申请，某县生态环境局重新受理了其环境影响评价文件。经审查环境影响评价文件，并比对自然资源和规划部门的文件，仍有部分猪舍超出自然资源和规划部门认定的红线范围。

《生态环境部办公厅关于做好畜禽规模养殖项目环境影响评价管理工作的通知》规定，项目环评应充分论证选址的环境合理性，选址应避开当地划定的禁止养殖区域，并与区域主体功能区规划、环境功能区划、土地利用规划、城乡规划、畜牧业发展规划、畜禽养殖污染防治规划等相协调。某县生态环境局认为，某生猪养殖有限公司提供的生猪养殖场用地范围，超过相关部门认定的红线范围，不符合畜禽规模养殖项目环境影响评价管理要求，于 2019 年 5 月 27 日直接作出了不予行政许可的决定。

2019 年 7 月 25 日，某生猪养殖有限公司不服某县生态环境局作出的不予行政许可的决定，向某市生态环境局提起行政复议，某市生态环境局依法予以受理。

处理结果

经审查，某市生态环境局认为，某县生态环境局作出的不予行政许可的决定，未进行事先告知程序，提前告知某生猪养殖有限公司依法享有的陈述权、申辩权，未听取某生猪养殖有限公司的陈述、申辩，违反了法定程序，根据《中华人民共和国行政复议法》（以下简称《行政复议法》）第二十八条第一款第（三）项的规定，某市生态环境局决定撤销某县生态环境局作出的不予行政许可决定。

案件解析

（一）案情分析

根据《行政许可法》第七条规定“公民、法人或者其他组织对行政机关实施行政许可，享有陈述权、申辩权”，不予行政许可是实施行政许可的一种方式，是对当事人不利的行政行为。本案中，某县生态环境局对某生猪养殖有限公司申请的项目环境影响评价文件作出不予行政许可的决定，对该生猪养殖有限公司的利益产生了重大影响。因此，某县生态环境局在作出不予行政许可决定前，在程序上更应尽到注意审慎的义务，提前告知该生猪养殖有限公司，保证其享有陈述、申辩的权利。某县生态环境局在未事先告知该生猪养殖有限公司的情况下，未听取其陈述、申辩即作出不予行政许可的决定，侵犯了其依据前述法律规定享有的陈述权、申辩权，违反了法定程序。因此，某市生态环境局根据《行政复议法》第二十八条第一款第（三）项“具体行政行为有下列情形之一的，决定撤销、变更或者确认该具体行政行为违法；决定撤销或者确认该具体行政行为违法的，可以责令被申请人在一定期限内重新作出具体行政行为：……；3. 违反法定程序的；……”的规定撤销了某县生态环境局的不予行政许可决定。

（二）法律适用

《行政许可法》第七条规定：“公民、法人或者其他组织对行政机关实施行政许可，享有陈述权、申辩权……”第三十六条规定：“行政机关对行政许可申请进行审查时，发现行政许可事项直接关系他人重大利益的，应当告知该利害关系人。申请人、利害关系人有权进行陈述和申辩。行政机关应当听取申请人、利害关系人的意见。”因此，行政机关在作行政许可决定时，应充分保证申请人、利害关系人的陈述、申辩的权利，在作出行政许可决定，包括不予行政许可决定前，应当告知当事人拟作出行政许可决定的事实、理由及依据和决定内容，以及其依法享有的陈述权、申辩权。

（三）示范点

1. 不予行政许可决定也是行政许可决定的一种方式。有些行政机关常常会忽视不予行政许可的程序，没有认识到作出不予行政许可决定也是一种行政许可决定方式，也应当按照行政许可的法定程序作出。

2. 作出行政许可决定前应当进行事先告知程序。《行政处罚法》条款中明确规定了在作出行政处罚决定前，应当告知当事人依法享有的陈述权、申辩权。《行政处罚法》第四十四条规定：“行政机关在作出行政处罚决定之前，应当告知当事人拟作出的行政处罚内容及事实、理由、依据，并告知当事人依法享有的陈述、申辩、要求听证等权利。”第四十五条规定：“当事人有权进行陈述和申辩。行政机关必须充分听取当事人的意见，对当事人提出的事实、理由和证据，应当进行复核；当事人提出的事实、理由或者证据成立的，行政机关应当采纳。行政机关不得因当事人陈述、申辩而给予更重的处罚。”第六十二条规定：“行政机关及其执法人员在作出行政处罚决定之前，未依照本法第四十四条、第四十五条的规定向当事人告知拟作出的行政处罚内容及事实、理由、依据，或者拒绝听取当事人的陈述、申辩，不得作出行政处罚决定；当事人明确放弃陈述或者申辩权利的除外。”因此，行政机关在进行行政处罚时，会履行事先告知程序。

但是在《行政许可法》中，并未明确规定行政机关在作出行政许可决定前的事先告知程序，导致有部分行政机关在进行行政许可工作时，忽略了事先告知陈述、申辩权利的程序，尤其是在作出不予行政许可决定的情况时，往往直接作出决定，违反了法定程序。

2019 年 10 月 1 日起实施的《某省行政执法条例》第九条规定："行政相对人对行政执法机关所作出的行政执法行为享有陈述权、申辩权……" 第二十九条规定："行政执法机关作出对当事人不利的行政执法决定前，应当依法告知当事人拟作出行政执法决定的事实、理由、依据和决定内容，以及其依法享有的陈述权、申辩权。行政执法机关应当充分听取当事人的陈述和申辩，对其提出的事实、理由和证据予以记录、复核并归入案卷。当事人提出的事实、理由或者证据成立的，行政执法机关应当采纳。行政执法机关不得因当事人的陈述、申辩而作出对其更为不利的处理决定。" 这一规定进一步明确了行政机关在作出对当事人不利的行政执法决定（包括行政许可决定）前，应当依法告知当事人拟作出行政执法决定的事实、理由、依据和决定内容及其依法享有的陈述权、申辩权。本案发生在 2019 年 7 月，当时《某省行政执法条例》尚未实施，因此无法适用该条例的规定。

（选送单位：福建省司法厅）

48

某市司法局对某分局行政执法行为的监督案

基本案情

投诉人某公司在某区租用场地并建设有机肥料储存厂，在建设过程中依照环保相关规定自主申报了建设项目环境影响登记备案。

某分局执法人员巡查中发现该场地储存有有机肥料，进行了立案调查，责令其恢复原状，并分别以“无环保审批、验收手续”“环境影响评价文件未依法经审批部门审查，擅自开工建设及建设项目未经验收，建设项目即投入生产使用”为由，对该公司下达了罚款55万元和罚款0.624万元两个处罚决定。

投诉人某公司认为该事实不清，处罚依据错误，多次与某分局沟通无果后通过营商部门向某市司法局投诉。

处理结果

某市司法局受理了该起投诉案件并开展立案调查。执法监督人员采取调阅复制相关案卷材料，询问部门负责人、相关执法人员并制作询问笔录，对案发现场进行勘验，走访附近村民及相关企业等措施，摸清了案件真实情况。

经查，该公司按照有机肥料储存厂要求自主申报了建设项目环境影响登记备案，被诉某分局因接到环保督查的转办信件，未经详细核实，紧急通过会议形式认定该公司自主备案环保手续无效，撤销了该公司的环保（备案）许可，并自行公示撤销决定。而后利用该公司不熟悉专业法律法规的特点，以该公司无环保手续为由，将该公司储存原料行为定义为处置行为，对该企业进行了强制关停和行政处罚。另查明，某分局对该公司储存场地周边环境和存储的有机肥进行了监测和抽样，均符合环保要求。

被诉某分局在本次行政处罚行为中存在认定事实不清，证据不足，适用法律法规错误，适用裁量不当，执法案卷文书不规范，法制审核、案件复核不严格等现象，行政执法行为存在明显不当。

根据调查结果，某市司法局制发了《行政执法监督通知书》，要求该局自行改正，并将改正结果报送某市司法局。被诉某分局接到《行政执法监督通知书》后，未按照要求执行。被诉某分局驻地政府和被诉某分局上级主管部门联合行函，并派出驻地政府领导，上级主管部门相关领导到司法局沟通，试图维持原一系列行政执法决定，被某市司法局驳回。鉴于被诉某分局未按照《行政执法监督通知书》要求在时限内自行改正，市司法局约谈某分局负责人，如不按时改正将制发《行政执法决定书》，撤销被诉某分局在本案中相继作出的一系列不当行政执法决定。约谈结束后，某分局自行撤销了相关行政执法决定。

案件解析

（一）案情分析

本案中某分局认定当事公司存在两个违法行为：一是该公司有机肥料储存项目应按照《建设项目环境影响评价分类管理名录》第101项一般工业固体废物（含污泥）处置及综合利用项中的“其他类”，进行环境影响报告表的依法报批，该公司所进行的建设项目环境影响登记表自行备案属于擅自降低环境影响评价等级填报、办理备案手续，故该公司自主备案无效；二是认为该公司储存污泥过程中水分蒸发及周边防渗漏措施不当，造成基本成分发生改变，系处置行为。处置行为和储存行为适用的法律规范不一致。

经查，某公司储存有机肥原料行为，符合《建设项目环境影响评价分类管理名录》第180项仓储（不含油库、气库、煤炭储存）类别，当事公司适用环境影响登记表自行备案并无不当（该目录为清单制）。某分局通过会议形式撤销当事公司的环保许可，并自行公示，未告知当事公司相关权益，造成程序违法，适用法理依据错误。

《中华人民共和国固体废物污染环境防治法》（以下简称《固体废物污染环境防治法》）第八十八条规定：“本法下列用语的含义：……；（六）处置，是指将固体废物焚烧和用其他改变固体废物的物理、化学、生物特性的方法，达到减少已生产的固体废物数量、缩小固体废物体积、减少或者消除其危害成份的活动，或者将固体废物最终置于符合环境保护规定要求的填埋场的活动……”[①] 某分局认定储存物品水分自然蒸发造成体积变化系处置行为，但是案卷中未提供该公司采取了对该储存的物品进行焚烧或者其他改变该物品物理、化学、生物特性的方法的证据，也未提供该物体发生了数量、体积改变的证据，也无该公司进行生产加工等方面的证据。

故某分局撤销该公司环境影响登记表备案实施依据错误在先，而后下达的《责令整改通知书》、两个关联处罚决定违背了以事实为依据、以法律为准绳的根本原则，其作出的执法行为均为错误行政执法行为。

（二）法律适用

《行政处罚法》第四条规定：“行政处罚遵循公正、公开的原则。设定和实施行政处罚必须以事实为依据，与违法行为的事实、性质、情节以及社会危害程度相当……”[②]

《行政处罚法》第三十八条规定：“调查终结，行政机关负责人应当对调查结果进行审查，根据不同情况，分别作出如下决定：（一）确有应受行政处罚的违法行为的，根据情节轻重及具体情况，作出行政处罚决定；（二）违法行为轻微，依法可以不予行政处罚的，不予行政处罚；（三）违法事实不能成

---

① 已修订为2020年《固体废物污染环境防治法》第一百二十四条规定。第一百二十四条：“本法下列用语的含义：（一）固体废物，是指在生产、生活和其他活动中产生的丧失原有利用价值或者虽未丧失利用价值但被抛弃或者放弃的固态、半固态和置于容器中的气态的物品、物质以及法律、行政法规规定纳入固体废物管理的物品、物质。经无害化加工处理，并且符合强制性国家产品质量标准，不会危害公众健康和生态安全，或者根据固体废物鉴别标准和鉴别程序认定为不属于固体废物的除外。（二）工业固体废物，是指在工业生产活动中产生的固体废物。（三）生活垃圾，是指在日常生活中或者为日常生活提供服务的活动中产生的固体废物，以及法律、行政法规规定视为生活垃圾的固体废物。（四）建筑垃圾，是指建设单位、施工单位新建、改建、扩建和拆除各类建筑物、构筑物、管网等，以及居民装饰装修房屋过程中产生的弃土、弃料和其他固体废物。（五）农业固体废物，是指在农业生产活动中产生的固体废物。（六）危险废物，是指列入国家危险废物名录或者根据国家规定的危险废物鉴别标准和鉴别方法认定的具有危险特性的固体废物。（七）贮存，是指将固体废物临时置于特定设施或者场所中的活动。（八）利用，是指从固体废物中提取物质作为原材料或者燃料的活动。（九）处置，是指将固体废物焚烧和用其他改变固体废物的物理、化学、生物特性的方法，达到减少已产生的固体废物数量、缩小固体废物体积、减少或者消除其危险成分的活动，或者将固体废物最终置于符合环境保护规定要求的填埋场的活动。”

② 已修订为2021年《行政处罚法》第五条规定。第五条：“行政处罚遵循公正、公开的原则。设定和实施行政处罚必须以事实为依据，与违法行为的事实、性质、情节以及社会危害程度相当。对违法行为给予行政处罚的规定必须公布；未经公布的，不得作为行政处罚的依据。”

立的，不得给予行政处罚……”①

《某省优化营商环境条例》第九条规定：“市场准入应当实施负面清单制度。法律、行政法规和国务院决定未禁止和限制的行业和领域，各类市场主体均可进入。”

《某省行政执法监督规定》第三十四条规定：“行政执法监督部门在实施行政执法监督过程中，发现行政执法行为有下列情形之一的，应当责令限期改正；逾期不改的，应当作出撤销、变更行政执法行为或者确认行政执法行为违法，以及责令重新做出具体行政执法行为的决定：（一）主要事实不清、证据不足；（二）适用法律、法规、规章错误；（三）违反法定程序；（四）超越职权或者滥用职权；（五）行政执法行为明显不当；（六）法律、法规、规章规定的其他情形。”

本案案情复杂，涵盖行政许可、行政处罚、行政强制、行政命令、行政执法监督等若干行政执法行为；本案背景复杂，发生在环保督查工作期间，执法行为需同时满足环保督查要求和执法规范要求；本案关系复杂，涉及监管部门、被监管对象、属地政府、上级部门、营商部门、执法监督部门等错综复杂的关系。本案意义重大，通过执法监督，责令执法机关自行改正错误执法决定，保护了企业合法利益，为法治化营商环境提供了有力保障。

综上认为，行政执法监督行为应对被监督案件进行全面的审查，包括案件主要事实是否清楚、证据是否充分、执法程序是否规范、执法依据是否正确、执法行为是否适当等诸多要素。只有认真甄别，依法实施行政执法监督，才能依法维护当事人的合法权益，构建公平公正执法环境。

（选送单位：辽宁省司法厅）

---

① 已修订为2021年《行政处罚法》第五十七条规定。第五十七条：“调查终结，行政机关负责人应当对调查结果进行审查，根据不同情况，分别作出如下决定：（一）确有应受行政处罚的违法行为的，根据情节轻重及具体情况，作出行政处罚决定；（二）违法行为轻微，依法可以不予行政处罚的，不予行政处罚；（三）违法事实不能成立的，不予行政处罚；（四）违法行为涉嫌犯罪的，移送司法机关。对情节复杂或者重大违法行为给予行政处罚，行政机关负责人应当集体讨论决定。”

49

某区税务局执法人员“不作为、慢作为”引出的税务系统内部执法问责案

基本案情

2018年3月，某市某区税务局发现一户C级纳税人未按规定期限办理纳税申报，随即电话联系企业财务负责人和办税人员无果，分管局长立即派出管理人员下户调查，已人去楼空，查无下落。风险管理部门和税政管理部门核实了企业情况，该企业于2017年12月29日经批准纳税人增值税专用发票月领用数量增加为40份，但该企业自成立至批准当日均为零申报，查看增值税发票电子底账系统有开票记录，显然存在虚开增值税专用发票的重大犯罪嫌疑。某区税务局当即将该企业转为非正常户，并把线索移送该市国家税务局稽查局。经稽查部门深入调查后认定该企业虚开增值税专用发票，公告发出《税务处理决定书》和《税务行政处罚决定书》。次月，该市税务局纪检组和督察内审科，就该企业虚开增值税发票和税务局内部人员是否存在执法不规范和违规违纪的行为进行一案双查。

督察内审部门经实地调查和查证相关业务系统发现：1. 涉案企业2016年领购的5份增值税专用发票在未使用的情况下，2017年纳税信用等级被评为C级后持续申请增值税发票增量获批准，认定发票领用量不符合规定及发票增加使用量未按规定审核。2. 纳税人走逃后，主管税务机关于2018年3月21日将纳税人认定为非正常户，未见实地调查资料。3. 根据金税三期税收征收管理系统查询结果显示：纳税人于2018年2月9日申报2018年1月增值税时，在附表《增值税减免税申报明细表》内填列“已使用固定资产减征增值

税”税额1343617.62元，经查询电子底账系统未查询到纳税人开具固定资产销售相关发票，且系统显示纳税人2017年度财务报表中固定资产期初与期末数、余额数均为零。主管税务机关未按规定对相应减免税款采取管理措施。4. 通过系统“税务登记信息查询”“一户式”“非正常户认定”等模块以及纳税人档案资料督察发现：该户纳税人从开业登记直至非正常户认定期间，档案资料无《税务局纳税人涉税事项调查表》，主管税务机关未及时了解掌握纳税人生产经营、财务核算的基本情况。5. 2018年2月28日，管理人员发出三份协查函，每份协查函只涉及一份发票，附件无任何说明，对方税务机关也无任何回复，未对走逃（失联）企业已开具增值税发票管理进行全面的后续处理，未按规定对每一份失控发票发起异常凭证协查。

处理结果

1. 依据《税收执法考评与过错责任追究暂行办法》[①] 的规定，认定该纳税人的某区税务局税收管理员某某为执法过错责任人。

2. 根据《税收执法考评与过错责任追究暂行办法》第八条“税收执法考核、税收执法过错责任追究、税收执法质量评价应当坚持依法依规、实事求是，公平公正、权责统一，过罚相当、奖惩结合的原则”及第二十一条的规定，对执法过错责任人某某责令作出书面检查和取消年度评选先进资格的执法过错责任追究；对该税源管理分局局长某某按照干部管理权限提请某市税务局对其批评教育的执法过错责任追究。同时，在全局组织一线执法人员学习该类业务的税收知识和风险监控处理方式以加强监控能力和风险防范能力。

案件解析

（一）案情分析

相较以往一般虚开增值税发票是团伙案，本案主要是税收管理人员不作

① 已失效。

为、慢作为所导致，让不法分子觉得有机可乘，税务人员应遵循法律法规及部门规章，杜绝此类事件再次发生。该案件发生的几个环节恰好都是一线执法人员的易错点，每一点在该案中都有体现，如果税收管理人员在其中某一点上加强了监管，都能及时阻断虚开增值税发票行为的发生。

（二）法律适用

《税收执法考评与过错责任追究暂行办法》。

（三）示范点

该案对税收一线执法人员的业务素质和能力提出了更严格更高的要求。

一是严格按照《全国税务机关纳税服务规范》要求受理纳税人申请，查验身份证原件，对资料信息齐全、符合法定形式、填写内容完整的，即时办结。对首次申领增值税发票的新办纳税人办理发票票种的核定，增值税专用发票最高开票限额不超过 10 万元，每月最高领用数量不超过 25 份；增值税普通发票最高开票限额不超过 10 万元，每月最高领用数量不超过 50 份。对纳税信用 D 级的纳税人，增值税专用发票领用按辅导期一般纳税人政策办理，普通发票领用实行交（验）旧供新、严格限量供应。

二是《国家税务总局关于税收征管若干事项的公告》中专门对非正常户的认定和解除作出了新的规定，下发相关文件执行的通知，要求各税源管理部门严格执行“纳税人负有纳税申报义务，但连续三个月所有税种均未进行纳税申报的，税收征管系统自动将其认定为非正常户，并停止其发票领用簿和发票的使用”的规定，停止人工手动认定非正常户。根据上级统一工作部署和安排，依托核心征管系统申报信息、接受行政处罚、缴纳罚款等数据指标，系统自动认定和解除非正常状态，无须管理员手工认定或纳税人专门申请解除非正常状态。与此同时，严格执行《中华人民共和国税收征收管理法实施细则》第八章关于“文书送达”的各项规定，开展文书送达内容知识培训，进一步提高文书送达规范意识，杜绝金税三期核心征管系统机内文书送达流于形式，不符合实际。完善文书送达方式，按照《国家税务总局关于发布〈税务文书电子送达规定（试行）〉的公告》，结合 2020 年“便民办税春风行动”的推进，推行税务文书电子送达，待上级作出相关工作部署和系统升级后立即组织实施，进一步提高网上办税便利性，不断推进文书送达方式的规范和完善。

三是对符合《国家税务总局关于走逃（失联）企业开具增值税专用发票认定处理有关问题的公告》规定的异常凭证，在10个工作日内，将异常扣税凭证信息录入异地协作平台增值税异常扣税凭证系统，并推送至异常扣税凭证接受方所在地税务机关进行处理。

四是要求各税源管理部门提高认识，加强业务知识学习，严格执行《增值税纳税申报比对管理操作规程（试行）》文件内容，落实工作职责，提高对申报异常比对的认识和审核处理能力。具体到个人，要求各税收管理员在金税三期核心征管系统，处理“比对异常转办单”业务时，必须对比对异常内容逐一核实，并在“信息核实情况中”逐一填写申报比对是否相符以及核实情况。必要时做好相关台账记录，留存相关核实印证材料。

五是要求各部门严格执行《税收征管操作规范》及《国家税务总局关于印发〈税收管理员制度（试行）〉的通知》，要求税源管理部门在完成管户分配按照工作需要对新登记纳税人调查项目进行整合后，以纳税人为单位派发给指定的调查人员进行调查。同时必须在金税三期核心征管系统内发起“调查任务建立”，调查人员应根据调查项目制作《纳税人涉税事项调查表》并打印，调查表应当以单户纳税人为单位制作。调查人员按照《纳税人涉税事项调查表》的内容，对纳税人的税务登记信息真实性进行情况核实，并将调查情况填写至《纳税人涉税事项调查表》中，出具调查意见。根据调查结果，完成系统内调查巡查“结果录入”，《纳税人涉税事项调查表》按照征管资料管理要求进行整理和归档。

（选送单位：贵州省司法厅）

50

某包装制品有限公司特种设备超期未检案

基本案情

2020年5月14日，某县市场监督管理局在对某包装制品有限公司开展特种设备安全监督检查时，发现该公司使用的一台叉车（属特种设备）超期未检，以及对其固定式压力容器作业人员未办理《特种设备作业人员证》。某县市场监督管理局认为该公司上述行为违反了《中华人民共和国特种设备安全法》（以下简称《特种设备安全法》）的相关规定，据此作出了责令其停止违法行为以及罚款人民币75000元的行政处罚。该公司随即进行了整改，及时对特种设备申请检测，并完成了检测，同时准备向县政府提出行政复议申请，请求撤销某县市场监督管理局予以罚款的行政处罚。某县司法局得知情况后主动对该案件开展行政执法个案监督并向某县市场监督管理局提出监督意见。

处理结果

经过对案件深入调查，某县司法局认为某县市场监督管理局在该案件处理过程中存在适用法律错误、违法事实认定不清及处罚行为不当等问题，并提出了监督意见。某县市场监督管理局研究后认为某县司法局所提监督意见符合法律规定且客观公正，随即进行整改，并按照《行政处罚法》规定对该处罚决定予以撤销，同时经某县司法局组织当事人协调取得了当事人谅解。

案件解析

（一）案情分析

在对本案进行行政执法监督的过程中，发现存在以下几个问题：一是某包装制品有限公司叉车检测时间为2020年4月，当时因不可抗力原因该公司在停工停产期间，且特种设备检测需申请市级检测机构进行检测，所以该公司未及时对特种设备进行检测的确存在合理的客观事实。二是该公司固定式压力容器作业人员未办理《特种设备作业人员证》违法事实属于某县市场监督管理局未严格落实国家市场监督管理总局下放取消职业资格认定许可事项相关规定。经某县市场监督管理局系统内查询后得知该项职业资格许可事项已经取消，不再需要从业人员办理。三是某县市场监督管理局对特种设备超期未检测行政处罚所适用的法律依据为《特种设备安全法》第八十四条规定“违反本法规定，特种设备使用单位有下列行为之一的，责令停止使用有关特种设备，处三万元以上三十万元以下罚款：（一）使用未取得许可生产，未经检验或者检验不合格的特种设备，或者国家明令淘汰、已经报废的特种设备的……”。经查询，对特种设备超期未检测处罚应该适用该法第八十三条第（四）项特别规定“未按照安全技术规范的要求及时申报并接受检验的”。某包装制品有限公司在期限内对违法行为进行了改正，按照该项规定，不应再对其作出罚款的行政处罚。

（二）法律适用

《特种设备安全法》第八十三条规定：“违反本法规定，特种设备使用单位有下列行为之一的，责令限期改正；逾期未改正的，责令停止使用有关特种设备，处一万元以上十万元以下罚款：（一）使用特种设备未按照规定办理使用登记的；（二）未建立特种设备安全技术档案或者安全技术档案不符合规定要求，或者未依法设置使用登记标志、定期检验标志的；（三）未对其使用的特种设备进行经常性维护保养和定期自行检查，或者未对其使用的特种设备的安全附件、安全保护装置进行定期校验、检修，并作出记录的；（四）未按照安全技术规范的要求及时申报并接受检验的；（五）未按照安全技术规范的要求进行锅炉水（介）质处理的；（六）未制定特种设备事故应急专项预案的。”

《特种设备安全法》第八十四条规定：“违反本法规定，特种设备使用单位有下列行为之一的，责令停止使用有关特种设备，处三万元以上三十万元以下罚款：（一）使用未取得许可生产，未经检验或者检验不合格的特种设备，或者国家明令淘汰、已经报废的特种设备的；（二）特种设备出现故障或者发生异常情况，未对其进行全面检查、消除事故隐患，继续使用的；（三）特种设备存在严重事故隐患，无改造、修理价值，或者达到安全技术规范规定的其他报废条件，未依法履行报废义务，并办理使用登记证书注销手续的。”

《某省行政执法监督办法》第十六条规定：“行政执法监督机构对下列事项实施监督、协调：（一）法律、法规、规章的实施情况；（二）行政执法责任落实情况；（三）行政执法裁量基准制度实施情况；（四）行政执法行为的合法性、正当性；（五）行政执法程序的合法性、正当性；（六）行政执法主体的合法性和行政执法人员资格；（七）行政执法证件管理工作；（八）协调处理行政执法主体之间的执法争议；（九）依法应当监督、协调的其他事项。”

《某省行政执法监督办法》第十七条规定：“行政执法监督机构可以采取专项及综合监督、专项及综合检查、行政执法案卷评查、个案监督等方式开展行政执法监督工作，可以采取抽查、暗访或者委托第三方机构调查、评估等方式，对行政执法行为实施监督。行政执法监督活动中涉及专业性、技术性较强的事项可以委托第三方专业机构或者采取购买服务的方式开展。”

《某省行政执法监督办法》第二十三条规定：“行政执法监督机构在监督中发现行政执法行为涉嫌违法或者不当的，应当发出《行政执法监督意见书》。有关行政执法部门应当自收到《行政执法监督意见书》之日起20个工作日内，自行纠正违法或者不当的行政执法行为，同时向行政执法监督机构书面报告纠正情况。有关行政执法部门认为其执法行为并无违法或者不当的，应当自收到《行政执法监督意见书》之日起10个工作日内，向行政执法监督机构书面说明理由。”

（三）示范点

在该案中，行政执法机关特别是执法人员对本部门、行业法律法规及政策学习不足，理解把握不到位、合法性审查水平不高等，是造成执法错误问题产生的重要原因。在执法主体、执法程序等不断合法完善的基础上，对行政执法工作要求更加精细化，组织开展好执法人员学习培训工作，提升执法人员整体素质，加强案件案例指导应该作为推进行政执法工作主要抓手，这样才能不断提高各执法机关执法水平，推进法治政府建设工作。

此外，在本案中，某县司法局收到某包装制品有限公司行政复议申请后，考虑到行政复议期限相对过长、程序相对复杂，为落实中央“六稳”“六保”相关决策，切实帮助企业排忧解难，打造良好法治化营商环境，该县司法局主动作为，在征得当事人同意后将案件从行政执法监督角度进行调查处理，从当事人申请到办结仅用不到一周时间，极大地节约了企业办事时间成本，同时也解决了其合理诉求，获得了企业对其工作的肯定。

（选送单位：贵州省司法厅）

本书案例选送单位

- 北京市司法局
- 河北省司法厅
- 山西省司法厅
- 内蒙古自治区司法厅
- 辽宁省司法厅
- 上海市司法局
- 江苏省司法厅
- 浙江省司法厅
- 福建省司法厅
- 山东省司法厅
- 湖北省司法厅
- 湖南省司法厅
- 海南省司法厅
- 重庆市司法局
- 贵州省司法厅
- 甘肃省司法厅
- 新疆维吾尔自治区司法厅
- 新疆生产建设兵团司法局
- 财政部国库司
- 人力资源和社会保障部社会保险基金监管局
- 自然资源部法规司
- 生态环境部生态环境执法局
- 住房和城乡建设部法规司
- 农业农村部法规司
- 文化和旅游部文化市场综合执法监督局
- 应急管理部政策法规司
- 国家市场监督管理总局法规司
- 中国银行保险监督管理委员会消保局
- 中国证券监督管理委员会法律部
- 国家移民管理局政策法规司
- 国家外汇管理局经常项目管理司
- 国家药品监督管理局政策法规司

图书在版编目（CIP）数据

全国行政执法典型案例．第一辑／司法部行政执法协调监督局编．—北京：中国法制出版社，2021.12
ISBN 978－7－5216－2319－2

Ⅰ.①全…　Ⅱ.①司…　Ⅲ.①行政执法－案例－中国
Ⅳ.①D922.115

中国版本图书馆 CIP 数据核字（2021）第 238818 号

策划编辑　李小草　吕静云
责任编辑　吕静云　　　　封面设计　李宁

全国行政执法典型案例．第一辑
QUANGUO XINGZHENG ZHIFA DIANXING ANLI. DI－YI JI

编者/司法部行政执法协调监督局
经销/新华书店
印刷/三河市紫恒印装有限公司
开本/710 毫米×1000 毫米　16 开　　　　印张/13.75　字数/160 千
版次/2021 年 12 月第 1 版　　　　2021 年 12 月第 1 次印刷

中国法制出版社出版
书号 ISBN 978－7－5216－2319－2　　　　定价：50.00 元

北京市西城区西便门西里甲 16 号西便门办公区
邮政编码：100053　　　　传真：010－63141852
网址：http：//www.zgfzs.com　　　　**编辑部电话：010－63141781**
市场营销部电话：010－63141612　　　　**印务部电话：010－63141606**

（如有印装质量问题，请与本社印务部联系。）